HEIMATSCHUTZ

Heimatschutz

von

Ernst Rudorff

Herausgegeben vom
Deutschen Heimatbund Bonn

Erstdruck 1897

REICHL VERLAG
DER LEUCHTER
ST. GOAR

Umschlag: Auschnitt aus einem
Ölbild von C. Brügner, 1861

1. Auflage, 1. Tsd.
1994

Copyright 1994 by Reichl Verlag, D-56329 St. Goar
Herstellung: Weihert-Druck, Darmstadt
Gedruckt auf säurefreiem, alterungsbeständigem Papier

ISBN 3-87667-139-6

Ernst Rudorff

Vorwort

Wenn man heute unter den Bürgerinnen und Bürgern eine Umfrage machen würde und die Frage stellte, was einem der Name Ernst Rudorff sagen würde, ich fürchte, das Ergebnis wäre ernüchternd.

Der Begründer des Naturschutzes in Deutschland ist fast vergessen. Tröstlich dabei ist nur, daß er dieses Schicksal mit vielen anderen teilt, die ebenfalls Dinge angestoßen und bewegt haben, die Großes geleistet haben und Pioniere auf ihrem Gebiet waren und dann in der Versenkung entschwanden.

Um so mehr freue ich mich, daß der Reichl Verlag das Standardwerk von Prof. Dr. Ernst Rudorff „Heimatschutz" – der Aufsatz erschien erstmals 1897 und wurde dann von Prof. Dr. Paul Schultze-Naumburg 1926 in der vorliegenden Form neubearbeitet und herausgegeben – jetzt neu auflegt und damit unserer heutigen Lesergeneration wieder zugänglich macht.

Manches darin klingt für uns heutige Leser – bei oberflächlicher Betrachtung – antiquiert. Nehmen wir z.B. den Begriff „Heimatschutz". Hier schwingen für uns moderne Leser Gedanken und Emotionen mit, die mit dem seinerzeit von Ernst Rudorff Gemeinten wenig im Sinn haben.

Wenn wir uns aber frei machen von unserer modernen Hineininterpretation und Ernst Rudorff aus seiner Zeit heraus verstehen wollen, so erschließt sich uns eine Gedankenwelt, die zwar in manchem revolutionär, im übrigen aber nahezu aktuell zu nennen ist. Auch Ernst Rudorff mußte gegen Widerstände ankämpfen, um dem Umwelt- und Naturschutz Geltung zu verschaffen.

Wer war dieser Ernst Rudorff? Auf seine Initiative hin wurde 1904 in Dresden der „Bund Heimatschutz" gegründet, der sich später „Deutscher Heimatbund" nannte. Rudorff wurde damit zum Wegbereiter des verbandsmäßig organisierten Naturschutzes in Deutschland. Zusammen mit seinen 18 Landesverbänden mit mehr als drei Millionen Mitgliedern ist der Deutsche Heimatbund unter den heutigen großen Natur- und Umweltschutzverbänden in der Bundesrepublik in hohem Maße dem Erbe Rudorffs verpflichtet. Der Deutsche Heimatbund dokumentiert das in besonderer Weise durch die Verleihung der Ernst-Rudorff-Ehrenplakette für herausragende Verdienste für die Heimat. Ernst Rudorff wird auch auf dem 90jährigem Jubiläum des Verbandes im April 1994 in Dresden als Gründungsvater gewürdigt werden.

Rudorff hat seine Anregungen zum Natur- und damit zum Heimatschutz nicht auf hohen Schulen, sondern „vom Leben selbst" und aus unmittelbarer Anschauung erhalten. Auf dem Anwesen seiner Familie im Hannoverschen Lauenstein bei Lauenburg am Ith hatte Rudorff die schädlichen Auswirkungen von Flurbereinigung und Flurbehandlung auf die natürliche Umwelt unmittelbar erleben müssen. Vehement setzte er sich in seinen Schriften für die Schonung landschaftlicher Eigentümlichkeiten – unser heutiger Gedanke des Naturschutzes – ein. Er wußte, woher die Gefahren drohten, und seine damalige Einschätzung ist auch nach mehr als 100 Jahren noch aktuell: Die Gefahren sah er vor allem von seiten der Industrie, des Tourismus und des Verkehrswesens. Aber er wandte sich nicht generell gegen den Fortschritt. Er forderte nur dessen sinnvolle Nutzung durch den Menschen. So schrieb er: „Es kommt alles auf das Maß an, das man walten läßt. Den Wald ausroden bedeutet . . . . bis zu einer gewissen Grenze Fortschritt und Kultur, über diese Grenze hinaus bedeutet es Barbarei, und zur Kultur wird umgekehrt das Schonen und Ansäen." Menschenwerk, so seine Überzeugung, kann in fast allen Fällen durch Gleichwertiges ersetzt werden. Anders, so Rudorff, bei der Natur: Ist erst einmal ein kleiner Teil von ihr zerstört, so ist er unwiederbringlich verloren. Wie wahr!

Ernst Rudorff hat durch sein Wirken und durch seine Schriften auch zur ganzheitlichen Betrachtung in Umweltschutzfragen aufgerufen. Es ging ihm nicht nur um das bloße Umfeld Natur, sondern um den Menschen in der Landschaft, um Gestaltung der Landschaft in Achtung vor Mensch und Natur. Auch insofern hat er Maßstäbe gesetzt.

Als Präsident des Deutschen Heimatbundes wünsche ich dem Buch aus dem Reichl Verlag eine weite Verbreitung – nicht zuletzt im Interesse des „Schutzes unserer Heimat", also unserer Natur, unserer Umwelt und damit unserer Lebensgrundlage.

Bonn, im Dez. 1993   *Dr. Hans Tiedeken*

Aus dem Vorwort zur Auflage 1926

Rudorffs „Heimatschutz" ist nicht allein die grundlegende Schrift für die vielseitige Bewegung, die dieses Wort heute umfaßt, sondern hat auch die Bezeichnung zum ersten Male geprägt. Es sind fast dreißig Jahre her, daß das kleine Buch zum ersten Mal erschien. Seitdem sind einige Neuauflagen gedruckt worden, die aber seit etwa einem Jahrzehnt vergriffen sind. Es ist daher eine Ehrenpflicht, das klassische Buch des Heimatschutzes nicht der Vergessenheit anheimfallen zu lassen, sondern sein Weiterbestehen in einer Form zu sichern, in der es immer wieder für die Allgemeinheit wirkungsvoll bleibt.

Gewiß, manches darin erscheint uns heute stark romantisch und manche Forderung in dieser Fas-

Abb. 2. Die Knabenburg, altererbter Sitz der Familie Rudorff

sung weit über das Ziel hinausschießend. Hätte der Heimatschutz sich für alle Zeiten auf Gesichtspunkte von 1900 festgelegt, so wäre er schon innerhalb der hinter uns liegenden kurzen Spanne von kaum dreißig Jahren nicht lebensfähig geblieben, sondern von der gewaltigen, umwälzenden Entwicklung, der er sich in die Speichen geworfen hätte, überrannt worden. Zwar deuten Rudorffs grundlegende Gedanken durchaus den Weg an, den wir seither einschlagen mußten. Wir haben uns keine Untreue gegen unseren Altmeister vorzuwerfen, wenn wir uns den berechtigten Anforderungen der Wirtschaft nicht verschließen, sondern – selbst wegsuchend – dafür eintreten, daß auch bei allem Neuschaffen neben den Erfordernissen des Zwecks auch die der Schönheit zu durchgeklärtem Ausdruck gelangen. Gerade dann handeln wir im Sinne des Rudorffschen Grundsatzes: von den wahrhaft schöpferischen Werken unserer Vorfahren zu lernen, wenn wir mit der gleichen Unbefangenheit und Klarheit und ebenso wohlbedacht wie sie den Zeitforderungen dienen. Es wäre also eine ganz falsche Einstellung, wenn man sagen wollte, das Buch wäre „veraltet". Worte, die aus einem so ursprünglichen und tiefen Gefühl für Schönheit und Reinheit der Natur entsprungen sind, veralten nie. Wo Rudorff für unser Gefühl ungerecht gegen Technik und manches andere zu sein scheint, läßt sich vielleicht über das Maß hin und her feilschen, und man wird nicht umhin können, im Zwange der wirtschaftlichen Notwendigkeiten von heute manches Stück Natur mehr preiszugeben, als uns selbst lieb ist. Rudorff wäre nie, auch wenn er das Heute noch erlebt hätte, dazu berufen gewesen, das Hohe Lied der Technik zu singen. Seine Stärke liegt in dem unbestechlichen und sicheren Gefühl dafür, daß die freie und unberührte Natur für den Menschen etwas Unentbehrliches und über sein Wissensbedürfnis hinaus Notwendiges bedeutet, und daß er nicht etwa nur um einen ästhetischen Genuß ärmer wird, wenn er diesen ihm bisher gemäßen und vertrauten Hintergrund seines Lebens zerstört, sondern daß er sich damit auch Umweltsbedingungen schafft, die seinem Wesen über kurz oder lang verderblich werden müßten.–

Ich möchte noch angeben, wie weit und aus welchem Grund wir Veränderungen an dem vorliegenden Text vornahmen. Zunächst haben wir alle Stellen weggelassen, die auf irgendwelche Tagesereignisse Bezug nehmen, heute aber kaum mehr Interesse erwecken. Wo freilich Erwägungen von grundsätzlicher Bedeutung vorgetragen werden, sind diese ungekürzt beibehalten worden. Da gewissen von Rudorff berührten Einzelfällen auch jetzt noch grundsätzliche Bedeutung zukommt, erschien es erwünscht, sie auch vom heutigen Standpunkt aus zu beleuchten. Dies ist in einer Reihe von Anmerkungen der Schriftleitung geschehen, die am Schluß des Buches den Anmerkungen Rudorffs beigefügt sind. An Rudorffs Schrift selbst waren nur hier und da einige unwesentliche Änderungen mehr äußerlicher Natur notwendig. Endlich lag mir ein Handstück des Verfassers vor, in das er selbst eine Reihe von Verbesserungen eingetragen hatte.

Den Herausgeber verband eine herzliche und auf beiden Seiten gleich fest verankerte Freundschaft mit dem Verfasser. Obgleich ein Menschenalter an Jahren sie trennte, fanden sie sich doch sogleich, als sie sich in ihren Schriften kennenlernten. Und wer je diesem gütigen Menschen mit den Kinderaugen unter dem weißen Haar, mit seiner sprühenden und kampffrohen Jugendlichkeit nahetreten durfte, wird dies als einen unverlierbaren Gewinn für sein ganzes Leben behalten.

Prof. Dr. Paul Schultze-Naumburg
Saaleck, Frühjahr 1926

Die Welt ist rauh und dumpf geworden,
Die Stimm' entfiel ihr nach und nach,
Die einst in tönenden Akkorden
Zum off'nen Ohr des Menschen sprach.
Den Baum der Phantasie entbildert
Nun des Verstandes kalte Hand,
Die Blume des Gefühls verwildert,
Der Quell der Dichtung stockt im Sand.

Rückert

Ein spanischer Novellist schreibt über die Modernisierung von Sevilla: „Die Lokalfarbe und die Nationalphysiognomie schwinden dahin, dank diesem modernen Prokrustes, den man Zivilisation nennt. Aber eine solche Ansicht darf man nicht laut werden lassen, ohne daß sie sofort von der Stimme der Allgemeinheit erstickt wird, die einzig von dem modernen Prinzip der materiellen Wohlfahrt durchdrungen und beherrscht ist." Dies gilt nicht nur für Sevilla, sondern für alle Welt.

Wer heute mit tieferen Bedürfnissen des Gemüts seine Zelle verläßt, um draußen Erquickung zu suchen, der muß sich von vornherein auf Nackenschläge gefaßt machen. Und das von Jahr zu Jahr mehr. Was haben die letzten Jahrzehnte aus der Welt und insbesondere aus Deutschland gemacht! Was ist aus unserer schönen, herrlichen Heimat mit ihren malerischen Bergen, Strömen, Burgen und freundlichen

Städten geworden, seitdem sie Dichter wie Uhland, Schwab und Eichendorff zu unvergänglichen Liedern begeisterte, oder seit Ludwig Tieck, Arnim und Brentano die Wunderwildnis des Heidelberger Schlosses priesen! Der Gesichtskreis des einzelnen ist ja verschwindend klein im Vergleich zu dem großen Vaterlande; um so erschreckender ist, was jeder, der seine Augen offen hält, innerhalb dieses engsten Rahmens unablässig an Veränderungen zu erleben hat, von denen jede eine Vernichtung bedeutet. Auf der einen Seite Ausbeutung aller Schätze und Kräfte der Natur durch industrielle Anlagen aller Art, Vergewaltigung der Landschaft durch Stromregulierungen, Abholzungen und andre schonungslose, lediglich auf Erzielung materieller Vorteile gerichtete Maßregeln, mag dabei an Schönheit und Poesie zugrunde gehen, was da will; auf der anderen Seite Spekulationen auf Fremdenbesuch, widerwärtige, überlaute Anpreisung landschaftlicher Reize und zu gleicher Zeit Zerstörung jeder Ursprünglichkeit, also gerade dessen, was die Natur zur Natur macht.

Unter dem Gesamtbilde eines Landes begreift man zuerst das von der Natur Gegebene, dann aber ebensowohl auch dasjenige, was seine Bewohner im Laufe der geschichtlichen Entwicklung am Gegebenen verändert und an Menschenwerken hinzugeschaffen haben. Stellen wir, so betrachtet, unseren Norden neben die Mittelmeerländer, so wird man es gewiß als eine unerfreuliche Verleugnung germanischer Empfindungsweise bezeichnen müssen, wenn Victor Hehn – um von Größeren zu schweigen, die es zeitweise nicht besser gemacht haben – gelegentlich seiner glänzenden Schilderungen Italiens für die Eigenart deutscher Natur nichts weiter übrig hat als geringschätzende Seitenblicke. Dieselbe Kühle, derselbe Mangel an eigentlichem Verständnis, den er dem Christentum gegenüber offenbart, spricht auch aus allem, was er über die Landschaft nördlich des Altenkammes zu sagen weiß. Einer unserer liebenswertesten deutschen Künstler hat hier das rechte Wort gesprochen, wenn er einmal äußert: „Deutsche Natur erschien mir immer als ein einfaches, tiefsinniges Bürgerkind, ein Gretchen im Faust, die italienische Natur wie eine Jungfrau aus königlichem Geschlecht, eine Iphigenia. Die Bewunderung für den Adel der Königstochter war in mir höher und höher gestiegen, aber meine Liebe war das schlichte Bürgerkind."

Mag man noch so rückhaltlos die Gestaltenfülle, die Farbenglut des Südens, den Adel seiner wie mit dem Meißel gebildeten Bergformen bewundern, noch so stark von dem Blick in die Tiefen seines geschichtlichen Hintergrundes ergriffen sein, so steht diesen Herrlichkeiten in unserer Heimat doch anderes gegenüber, das nicht minder schwer wiegt. Es ist nicht ohne Grund, wenn kein Volk der Erde Dichter der Landschaft, der Naturempfindung aufzuweisen hat von solcher Kraft und Innigkeit wie das deutsche.

Das Herzbewegende der deutschen Landschaft, die Poesie ihrer Waldgebirge, der Reichtum idyllischer und romantischer Stimmungen, der in ihr beschlossen liegt – das alles sind Dinge, von denen im Süden so gut wie nicht die Rede ist. Freilich, die Welt des klassischen Altertums, die in mächtigen Resten hier überall in die Gegenwart hineinragt, hat auf deutschem Boden kaum vereinzelte Spuren zurückgelassen. Dafür darf man getrost sagen, daß das deutsche Mittelalter in seinen Denkmälern vielfach gewaltiger, immer aber gemütvoller erscheint als das italienische. An die Hoheit und Andacht, die tiefe Frömmigkeit, die aus den Domen von Straßburg, Freiburg, Köln, Regensburg spricht, reicht keine italienische Kirche. Die prächtig vornehmen gotischen Steinpaläste Sienas muten kalt an neben der behaglichen Stattlichkeit der Nürnberger oder Lübecker Patrizierhäuser und sonstigen Profanbauten. Der Charakter des Bergstädtchens San Gimignano hat etwas Imponierendes, aber Herbes; man ist zufrieden, hier nicht mehr einem der hochfahrenden Edelleute unter die Augen treten zu müssen, die einer den anderen mit dem Bauen finsterer, trotziger Riesentürme zu überbieten suchten, während man in Rothenburg ob der Tauber oder in einer der kleinen niedersächsischen Städte mit ihren reizenden, traulichen Holzbauten meinen möchte, in je-

Abb. 3. Deutsche Hügellandschaft

Abb. 4. Die Laufenburger Stromschnellen vor der Zerstörung

Abb. 5. Laufenburg nach der Zerstörung der Schnellen

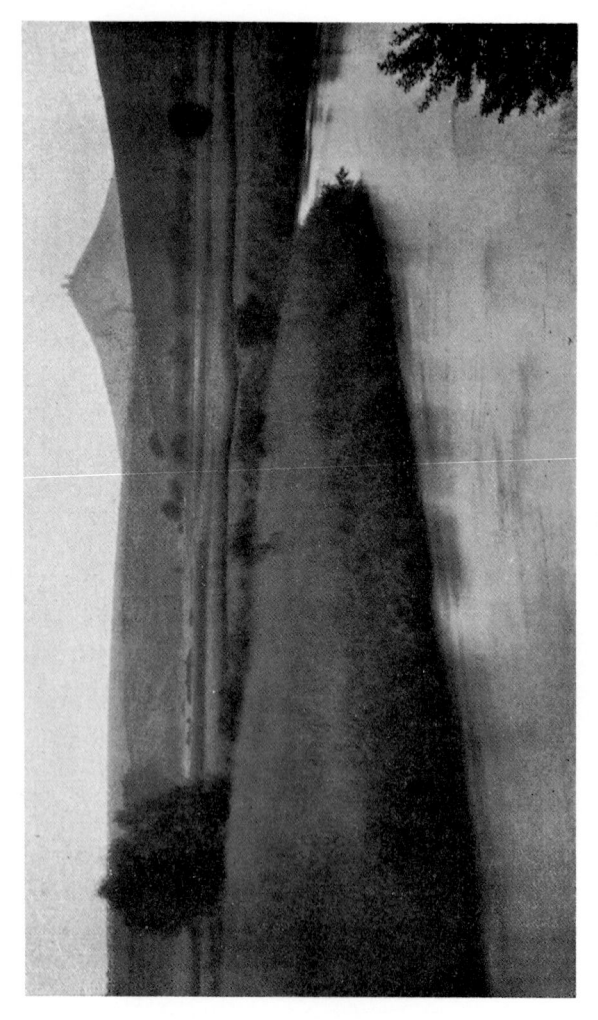

Abb. 6. Deutsche Flußlandschaft im Diemeltal

dem stillen Straßenwinkel müßten liebe Leute zu Hause sein.

Wenn aber diese Betrachtung zeigen will, daß alles Vergleichen müßig, ja verletzend ist, soweit es darauf hinausläuft, von zwei grundverschiedenen Wesenheiten die eine über die andere setzen zu wollen, so muß das eine doch unbedingt zugestanden werden: Italien hat seinen geschichtlich-landschaftlichen Charakter während der zweiten Hälfte unseres Jahrhunderts trotz aller politischen und sozialen Umwälzungen ungleich besser zu bewahren verstanden als Deutschland. Um nur eines aus vielen herauszugreifen: überall stehen dort noch heute die uralten Befestigungen kleiner altersgrauer Städte, wie sie von den Höhen der Apenninen herabsehen, und noch heute ist Rom umgeben von der Mauer, die Kaiser Aurelian im dritten christlichen Jahrhundert um die Stadt führte. Bei uns dagegen ist eine Stadt der anderen im Niederlegen ihrer mittelalterlichen Tore, Türme, Mauern und Wälle gefolgt, statt sich mit Durchbrechungen der Außenwerke und der Anlage neuer Stadtviertel jenseits derselben zu begnügen, wo die Zunahme der Bevölkerung und des Verkehrs Raumerweiterungen notwendig gemacht hat. Von unserer Sucht aber, alles, auch die Natur, polizeilich zu schulmeistern und überallhin schablonenmäßige Eleganz, langweilige Appretur zu tragen, findet man in Italien nur vereinzelte, verhältnismäßig geringe Ansätze. Zugegeben, daß hierfür nicht ernste Erwägungen, sondern gegebene Verhältnisse maßgebend gewesen sind. Möglich auch, daß es nicht mehr lange währen wird, bis die Italiener das Abreißen und Banalisieren ebenso gut gelernt haben wie wir: denn wo der Anfang damit gemacht worden ist, wie beispielsweise in Florenz und vor allem in Rom gelegentlich seiner Herrichtung zur Hauptstadt des modernen Italiens, lassen Rücksichtslosigkeit und Ungeschmack nichts zu wünschen übrig. Immerhin: vor der Hand ist die Tatsache unbestreitbar, daß die Physiognomie Italiens weniger durch die Übergriffe des modernen Materialismus entstellt worden ist als die Deutschlands.

Leopold von Ranke sagt in seiner Weltgeschichte: „Darin liegt die Eigentümlichkeit wahrer Kultur, daß sie die Schöpfungen der Vergangenheit als ein Eigentum, das die Gegenwart erfüllt, betrachtet. Aber auch das, was man aufbewahrt, muß doch dem Sinne dessen, der es aufbewahren soll, entsprechen. Einen Schatz, den man nicht würdigt, läßt man gleichgültig zugrunde gehen." Wenn dies wahr ist, so bedeutet es in der Anwendung auf unsere Zeit nichts anderes, als daß die wahre Kultur bei uns im Absterben begriffen ist; denn in weiten Schichten unseres Volkes herrscht die vollkommenste Gleichgültigkeit gegen das Erbe der Väter; die lebendige Fühlung mit dem Vermächtnis der Vergangenheit ist durchaus erloschen. Wie weit wir in der Verständnislosigkeit für unsere Vergangenheit und damit zugleich für das

Wesentliche unserer geschichtlichen Mission gediehen sind, dafür gibt ein kleiner Vorfall eine schlagende Illustration, als man seinerzeit bei der Anwesenheit des italienischen Königspaares in Wiesbaden von der Bühne herab Italien als das Land der Kunst, Deutschland als das – der Industrie feierte. Und niemand hatte daran etwas auszusetzen. Die deutsche Musik allein bedeutet, wie wohl ziemlich widerspruchslos überall anerkannt wird, mehr als die aller anderen Nationen zusammengenommen. Und dies Vaterland Bachs, Beethovens, Mozarts und Webers, Dürers und Holbeins, Goethes und Schillers, die Heimat des Nibelungenliedes und der Gotik – dies Land sollte nicht auch ein Land der Kunst sein? Alles scheint trügerisch, wenn das deutsche Volk, das vor hundert Jahren ein Volk von Dichtern und Denkern genannt werden konnte, heute seine Genugtuung allein darin findet, den anderen gegenüber als Hort der Industrie zu gelten. Gewiß ist es nicht hoch genug zu preisen, daß wir es so weit gebracht haben, nicht mehr ausschließlich zum Dichten und Denken fähig zu sein, wie es eine Weile den Anschein hatte, sondern eine Stellung in der Welt wiederum einzunehmen, die uns gestattet, ein gewichtiges Wort im Rate der Völker mitzureden, ähnlich wie in den Tagen mittelalterlichen Glanzes und Ruhmes. Aber darum ist es nicht weniger eine Selbsterniedrigung, wenn wir vergessen, daß es in erster Linie unsere im Laufe der Jahrhunderte herangereifte Geisteskultur ist, die dafür bürgt, daß der deutsche Name in Äonen nicht aufhören wird zu leuchten und Wärme auszustrahlen. Homer, Sophokles, Phidias, Praxiteles leben nicht nur im Gedächtnis der Menschen: in den Gestalten ihrer Dichtung, in den Formen ihrer Architektur, ihrer gesamten Bildnerkunst wirken die Hellenen noch heute ungeschwächt, vorbildlich anregend unter uns fort, nachdem zwei Jahrtausende dahingegangen sind, seit ihre politische Geschichte ein Ende fand. In bezug auf Italien aber durfte gesagt werden: „Alle Italiener fühlen, daß neben Dante und Rafael Michelangelo die dritte Stelle einnimmt und mit ihnen die Dreizahl der größten Männer bildet, die ihr Vaterland hervorgebracht. Wer wollte, wo diese stehen, einen Feldherrn oder Staatsmann ebenbürtig an ihre Seite stellen? Die Kunst allein ist es, die die Blüte der Völker bezeichnet." Und so mögen auch wir uns erinnern, was Deutschland zu Deutschland gemacht hat, was wir dem eigentlichen Genius des deutschen Volkes schuldig sind. Ihm die Treue brechen ist gleichbedeutend mit Entartung des Volksgeistes. Wollen wir sie ihm bewahren, so ergibt sich von selbst die Pflicht, den vaterländischen Boden für Gegenwart und Zukunft als einen solchen zu erhalten, auf dem Ursprünglichkeit und volkstümliches Leben als die Vorbedingungen für alles weitere Gedeihen geistiger Entwicklung nicht vernichtet sind.

Im allgemeinen wird man zugestehen müssen, daß der Süden Deutschlands dem Norden gegenüber noch immer das größere Maß von Frische, von gesunder Volkstümlichkeit bewahrt hat. Dem entspricht in gewisser Hinsicht das äußere Bild des Landes. Noch sind einige Gegenden Deutschlands, besonders Baden, Württemberg, Bayern mehr oder weniger verschont geblieben von den Folgen einer so gewaltsamen landwirtschaftlichen Maßregelung, wie sie die meisten Gegenden Nord- und Mitteldeutschlands mit geringen Ausnahmen oft in empörender Weise entstellt hat. Die hier seit einem halben Jahrhundert eingeführte Verkoppelung (d.h. Zusammenlegung der bäuerlichen Grundstücke zu dem Zwecke bequemerer Bewirtschaftung) überträgt das kahle Prinzip der geraden Linie und des Rechtecks so blind in die Wirklichkeit, war und ist darum in ihrer praktischen Durchführung so brutal, daß eine Feldmark, über die das Unwetter dieser Regulierung dahingezogen ist, aussieht wie ein fleischgewordenes nationalökonomisches Rechenexempel. Die Herrschaft des Menschen über die Dinge der Außenwelt ist hier nicht mehr die des Hausvaters über sein Gesinde, die dem Untergebenen neben aller Dienstbarkeit doch auch ein gewisses Recht selbständigen Daseins zugesteht: nein, die Natur ist zur Sklavin erniedrigt, der ein Joch abstrakter Nutzungssysteme, das ihr völlig fremd ist, gewaltsam aufgezwängt, deren Leistungsfähigkeit ausgepreßt wird bis auf den letzten Tropfen. Begradigte, zu Gräben umgewandelte Bäche, begradigte Waldgrenzen, schnurgerade, breite, unter Umständen steil bergansteigende Feldwege, nirgends mehr ein Hohlweg oder eine feuchte Stelle mit der ihr eigenen wilden Pflanzen- und Tierwelt in dem sorgsam geebneten Terrain, nirgends eine Hecke oder ein Busch am Ackerrand oder in der Wiese, wo ein Landmann, ein Wanderer rasten, ein Singvogel nisten könnte [1] – das ist das trostlose Bild einer so zugerichteten Gegend.

Wer an der eigenen Heimat solche Verstümmelung erlebt hat, der atmet auf, wenn er z.B. im badischen Lande die Freiheit natürlicher Linien, die schöne, gleichsam liebevolle Vermählung wiederfindet, die die verschiedenen Teile der Landschaft, Wald, Bach, Wiese, Acker, Busch und Obstbaum, Weg und Steg miteinander eingehen.

Wie reichlich ist in machen bayerischen, badischen und schwäbischen Landstrichen, in den Dörfern und Weilern noch die alte, volkstümliche Bauart erhalten; im Vergleich wenigstens zu Nord- und Mitteldeutschland, wo leider das Fabrikschema öder roter Backsteinkästen oder anderer großstädtischer Häßlichkeiten auch in den Dörfern schon viel allgemeiner Eingang gefunden hat. Die äußersten Grenzwarten – im Süden die Alpen, im Norden die Heiden und Moore – schienen eine Zeitlang noch vor solcher Unbill gesichert. Aber wie sich in dem niedersächsischen Tiefland neuerdings das mächtige, uralte, beinahe noch Taciteische Haus nach zweitausendjähriger Bewährung und Alleinherrschaft die Nachbarschaft schaler moderner Eindringlinge gefallen lassen muß, so begann man gar auch in den bayerischen und Tiroler Bergen statt der malerischen, lebensvollen Gebirgshäuser Villen nach städtischer Schablone zu bauen.

Daß es in den Städten, die für jedes Neue den Ton angeben, noch zehnmal schlimmer aussieht, versteht sich von selbst. Wohl bestehen Gradunterschiede der Geschmack- und Pietätlosigkeit zwischen der einen und der anderen, aber im großen und ganzen ist die Durchsetzung mit Mietkasernen, mit prahlerisch massiger moderner Architektur überall dieselbe; Spekulationswut, gedankenlose Sucht nach Neuerung und leerer Eleganz räumen hier wie dort mit dem charaktervollen Erbe der Vorzeit auf. [2]

Die Kommission zur Erforschung und zum Schutz der Denkmäler der Provinz Sachsen erließ um 1900 einen Aufruf, dem die ernsteste Beachtung und Beherzigung allerorten zu wünschen wäre. Darin heißt es unter anderem: „Mehr als je sind die Denkmäler der Vergangenheit unseres deutschen Volkes in der alles umgestaltenden Gegenwart des Schutzes bedürftig. Das gesteigerte Erwerbs- und Verkehrsleben unserer Tage bedroht die Schöpfungen der Vorzeit wie nie zuvor und vermindert ihren Bestand in weit höherem Maße, als es vordem Brände, Kriege oder rohe Zerstörungswut getan haben.

Unsere Städte, unsere Dörfer verwandeln fast vor unseren Augen ihr Aussehen; die alten Bauernhäuser in ihrer scharf ausgeprägten Eigenart, die alten Häuser der Städte mit ihren sinnvollen Inschriften, dazu Tore und Türme und mit ihnen die alten malerischen Straßenbilder schwinden mehr und mehr; und mit den Häusern zugleich schwinden die alten Kunstwerke, die sie schmückten, schwindet der alte, edle Hausrat, der sie füllte. Selbst vor manchen Kirchengebäuden und vor anderen denkmalartigen Bauten hat der vorwärts hastende Schritt der Gegenwart nicht Halt machen wollen und hat sie in ihrem Bestand bedroht. Diese Denkmäler der Vorzeit, die Zierde unseres Landes, der Stolz unseres Volkes, wie sind sie doppelt teuer dem, den sie als altvertraute Bilder aus der Kindheit bis ins Alter begleiten, dem sie die Stätte seines Lebens und Schaffens bedeutungsvoll bezeichnen! Und doch sind sie noch mehr: als Schöpfungen der Kunstübung unserer Väter sind sie uns nicht bloß Quellen des Genusses, sondern auch vielfach Vorbilder für das eigene Schaffen." Wenn die Dinge der Außenwelt von einem großen Philosophen mit Recht „ethische Werte in Formen übersetzt" genannt werden, so sehe man sich daraufhin doch einmal eine Gruppe alter Häuser in Hildesheim, Braunschweig, Nürnberg oder wo sonst an, und vergleiche damit einen Block von modernen Wohnkasernen, der etwa einige hundert Schritt davon in den letzten Jahrzehnten in die Welt gesetzt worden ist.³ Wovon redet die eine, wovon redet der andere? Dort Familiensinn, bürgerliche Tüchtigkeit, Gemütlichkeit, Schlichtheit, Friede und Freude, Genügsamkeit und Genügen, Humor und Gottesfurcht; hier Strebertum, Scheinwesen und Aufgeblasenheit, elegante Renommisterei, vollkommenste Nüchternheit, Kälte und Blasiertheit. Dort Ausleben aller menschlichen Kräfte, hier kahler Verstand. Was haben die wirklichen praktischen Fortschritte, deren wir uns im Bauwesen rühmen dürfen, und die natürlich weder verkannt noch abgewiesen werden sollen, Gegensätzen von solcher Tragweite gegenüber zu bedeuten!

An anderer Stelle führt der Verfasser jenes Aufrufs aus, zu wie wunderbar harmonischen Bildern die alten Wohnhäuser und öffentlichen Bauten trotz aller stilistischen Verschiedenheiten im einzelnen sich zusammenschließen, weil sie allesamt aus dem einen Grunde urwüchsig schaffender Kunst erstanden sind. Die übermächtige Strömung der Gegenwart aber, wenn sie nicht aufgehalten wird, treibt rücksichtslos einer Zeit entgegen, wo die Kirchen des Mittelalters und einige andere Reste der Vergangenheit, dabei einige wenige Bürgerhäuser, die ein gütiger Zufall etwa bewahren mag, des Zusammenhangs mit einer solchen Umgebung beraubt, in einer fremdartigen Welt ein einsames und wunderliches Dasein fristen, wo die ehemals so reiche Fülle wundervoller Straßenbilder und Städtelandschaften, die Deutschland sein eigen nannte, vernichtet und verschwunden sein wird. Es ist eben nicht genug, wie es jetzt so vielfach geschieht, etwa eine einzelne gotische Kirche zu erhalten und herauszuputzen, rings um sie her aber sich ungescheut im „Freilegungswahn" [nach Sittes Ausdruck [4]] und in der Errichtung von modernen Phrasenbauten jedes Schlages und Stiles zu ergehen. Sondern man muß sich bemühen, wo Erhaltung oder Wiederherstellung des Alten tatsächlich unmöglich geworden ist, von den gedankenreichen, gemütvollen, wahrhaft schöpferischen Werken unserer Vorfahren zu lernen, so daß auch in ihre Nähe nichts anderes kommt, als was ohne Stilnachbetung ihrem Geist und Sinn gemäß ist. Daß das erste hier und da geschieht, dafür zeugt freilich eine Reihe von Bauten ernstgerichteter neuerer Architekten. Dennoch sind und bleiben wir von dem zweiten noch immer unendlich weit entfernt, weil der Tüchtigkeit einzelner Künstler ein Heer fabrikmäßig arbeitender Bauunternehmer gegenübersteht, die in allen Stilgattungen herumpfuschen, und denen wir es zu danken haben, daß gewisse neue Stadtviertel und Villenvororte, die besonders elegant sein sollen, aussehen, als ob mit den Flicken aller Zeiten und Länder Komödie gespielt werden sollte. Dem entspricht dann die Gesamtstimmung unserer Zeit, die ohne jedes Verständnis für ideale Bestrebungen ausschließlich in dem Jagen nach äußerem Glanz und Effekt, nach Bequemlichkeit und materiellem Genuß befangen ist. Das höchste, wozu sich die Mode versteigt, ist ein deutschtümelndes Kokettieren mit einigen Äußerlichkeiten mittelalterlicher Stile, das dann auf dem Hintergrunde der allgemeinen Banalität doppelt abstoßend wirkt.

Was aber bei dem gedankenlosen Nachmachen fremder Sitte herauskommt, dafür liefert die Übernahme der halb oder völlig flachen Bedachung aus südlichen Ländern bei uns ein augenfälliges Beispiel.[5] Wer wollte sich dem Reiz des alten volkstümlichen italienischen Hauses entziehen? so graziös in seinen Verhältnissen, so festgefügt und so luftig zugleich! Aber es gehört nicht nur der lebendige warme Ton der alten Hohlziegel dazu, die sein sanft geneigtes Dach schmücken, nicht nur das weite, schattende Vorspringen dieses Daches und das feine Maßgefühl, das im obersten Stock nur kleinere Fenster duldet, um diese Wirkung hervorzubringen: vor allem muß es auch an der Stelle stehen, wo es wie herausgewachsen erscheint aus dem Boden, der es trägt, aus der Landschaft, der Luft, dem Himmel, die es umgeben, den Neigungen und Bedürfnissen der Menschen, die es erschaffen haben. Uns aber hat mit der gleichen Notwendigkeit die Natur unseres Landes wie die unseres Volksgeistes das steile Dach gleichsam anerschaffen, von dem Schnee und Regen abgleiten, dessen Bodengelaß reichlichen Raum bietet zum Hegen und Bewahren, dessen hochstrebender

Giebel nach oben deutet wie die Türme gotischer Dome, dessen schützendes, bergendes Aussehen endlich Behagen in die Seele des Beschauers strömt. Dies echteste Eigentum werfen wir über Bord und setzen Fremdes an seine Stelle, losgelöst von allen Bedingungen, die es erfreulich machen. Das flache Dach auf deutschen Mietkasernen oder Landhäusern, sei es nun mit Zink oder Dachpappe gedeckt, ist nichts als entweder eine Ziererei oder ein Bild armseliger, kläglicher Notbehelfswirtschaft.

Doch was sind für die ungeheure Mehrheit der heutigen Menschen geschichtlicher Sinn und echtes Schönheitsgefühl! Verklungene Worte, deren Bedeutung sie kaum mehr ahnen. Wenn die Durchschnittsleute der Gegenwart ein Haus, eine Straße, eine Stadt „schön" nennen, so kann man sicher sein, daß sie so ziemlich alles dessen bar sind, was ihnen in den Augen eines vernünftigen Menschen Reiz und Interesse verleihen würde. Ja, die Traulichkeit, die früher, und zwar in den verschiedensten Stilzeiten, so sehr den Grundzug des deutschen Hausbaues ausmachte, daß die ganze Erscheinung des Hauses auch nach außen hin erwärmend von ihr durchdrungen war, ist wie verschollen. Nichts ist dafür bezeichnender als die vom Ziegelrohbau unzertrennlichen, nach Eisenbahnschuppen schmeckenden, zu flachen Bogen der Fensterumrahmungen und die noch allgemeiner verbreiteten möglichst großen Fensterscheiben ohne Sprossenteilungen, der Inbegriff des Hohlen, Glatten, Langweiligen, aber trotzdem das Ideal aller Vornehmtuer vom Militär bis zum Schuhflicker. Wie ferner ein an sich richtiger Gedanke durch Übertreibung endlich zum Aberwitz werden kann, das beweist die wahrhaft lächerliche Ausartung des Strebens nach Luft und Licht. Ihm zu Ehren prangen die meisten Modepaläste mit Fensteröffnungen von Scheunentorgröße, jedem Gefühl für Verhältnisse in Gemeinschaft mit der unvernünftigen Höhe der Stockwerke Hohn sprechend; aber das um diesen Preis errungene Sonnenlicht wird durch dreifache, dicke und dünne, helle und dunkle Vorhänge so gründlich wieder unschädlich gemacht, daß ein gewöhnlicher Sterblicher aus Mangel an Luft und Licht am liebsten das Zeug zerreißen und die Riesenscheiben zerschlagen möchte.

Ludwig Richter schildert in seinen Lebenserinnerungen das alte malerische Meißen, wo er sieben Jahre seines Lebens von 1828 bis 1835 zubrachte, und schließt dann mit der Klage: „Die moderne Kultur hat allerdings manche grelle, häßlich störende Dissonanzen in dies harmonische Gebilde getragen, die für das Künstlerauge eine Wirkung hervorbringen wie der gellende Ton einer Dampfpfeife in einem Mozart'schen Hymnus." Wie viel schlimmer ist es geworden, seit diese Worte geschrieben sind, und wie wenig Stellen in Deutschland gibt es noch, von denen man sagen könnte, diese Schilderung treffe nicht zu! Sie würde ja für die meisten Städte heute viel zu gelinde gehalten sein.

Der Unverstand, die kalte Rücksichtslosigkeit, mit der die äußersten Widersprüche nebeneinander gestellt werden, macht sich besonders peinlich in Norddeutschland fühlbar, wo der Ziegelrohbau [6], immer neu gezüchtet, als Modekrankheit in Stadt und Land grassiert und die Unvereinbarkeit des Alten und des Neuen schon durch die Härte seiner Farbenwirkung ins grellste Licht setzt. [7]

Ist es nicht unerhört, daß die unersetzlichsten vaterländischen Besitztümer bis zum heutigen Tage schutzlos sind, daß es noch nicht in allen deutschen Staaten für alle Fälle genügend Gesetze gibt, die jedes wertvolle Vermächtnis der Vorzeit, auch wenn es sich in Privatbesitz befindet, vor leichtfertiger Vernichtung oder Entstellung sichern?

Nicht genug aber, daß der Bestand an alten Gebäuden aller Art in beständiger rascher Abnahme begriffen ist, daß charaktervolle Straßen und Plätze mit häßlichen Neubauten durchsetzt werden, oder daß reizvolle altertümliche Häuser durch geschmacklose Reparaturen und Ummodelungen, durch Einsetzten unpassender großer Fensterscheiben, durch Herrichtung von riesenhaften Ladenschaufenstern mit Eisenträgern im Erdgeschoß entstellt werden, – auch für die Entwertung dessen, was an und für sich unverändert übrig geblieben ist, sorgt das moderne Leben in unzähligen Formen. Sehen wir ab von allen

Häßlichkeiten, mit denen Freileitungen, elektrische Bahnen mit ihrem Stangen- und Drahtwerk, oder welche sonstige nützliche Erfindungen malerische Straßenbilder verunstalten, wo man die übliche Entschuldigung mit dem „Verkehrsbedürfnis" bei der Hand hat, – für eines gibt es keine Entschuldigung: für das Bemalen und Behängen alles irgendwie verfügbaren Gemäuers mit Reklameschriften und Reklameschildern in Riesenbuchstaben und -bildern. Als zur Jubelfeier der Königin Viktoria in London das glänzendste Gepränge entfaltet wurde, mußten Berichterstatter gestehen, daß die Stadt London eigentlich für die Veranstaltung von Festzügen völlig untauglich geworden sei, weil der dafür unentbehrliche Hintergrund architektonischer Wirkung fehle. Sämtliche Gebäude sind dermaßen durch Reklamen für jedes denkbare Industrieprodukt überwuchert, daß man vor Buchstaben und Bildern keine Mauern, keine Bauformen mehr sieht. Und wie sehen heute Straßen und Plätze auch bei uns schon vielfach aus! Dem Schönsten und Besten in unseren Städten nimmt diese Unsitte, die wir dem Beispiel der Amerikaner und Engländer verdanken, jede Reinheit der Wirkung. Je bedeutsamer, anmutiger die Architektur, die so mißhandelt wird, um so unleidlicher! Wo eine Wandfläche frei ist, macht sich eine Annonce breit. Nicht nur Hausbesitzer und Mieter preisen ihre Geschäfte, Waren und Leistungen in ungeschlachten Dimensionen an, sondern irgendeine

Sorte Kakao oder Kaffee, irgendwelche Essenzen, Seifen und Heilmittel, Badewannen, Hotelfirmen und Nähmaschinen begleiten uns auf besonders dazu gemieteten Posten, unter Umständen stundenweit sichtbar, durch die ganze Welt. Auch die freie Natur ist nicht sicher vor dieser Staffage. Die Landschaften Amerikas und Englands wimmeln davon, – Felsen sind damit bedeckt, Wiesen und Felder, durch die die Eisenbahn fährt, berühmte Naturschönheiten, Aussichtspunkte, Wasserfälle – alles wird benutzt, um anzupreisen und anzubieten. Und wenn man mit der Zahnradbahn den Rigi hinauffährt, so taucht plötzlich eine Sennhütte auf, von der man nichts sieht als das Dach und die kolossalen Buchstaben, die auf ihrer geweißten Wand die Vorzüge einer Pianofortefabrik verkünden! – Ein einfaches Polizeiverbot würde genügen, um all diesem scheußlichen Unfug ein für allemal ein Ende zu machen. [8]

Aber niemandem fällt es ein, für den Erlaß eines solchen aufzustehen und den Anfang tatsächlichen Widerstandes zu machen. [9] Statt dessen verbietet man die offenen Märkte, vertreibt erfreuliches volkstümliches Leben aus den Städten und baut in zärtlicher Fürsorge für die Schnupfengefahr der Marktweiber bedeckte Markthallen, während es diesen selbst zehnmal behaglicher ist, im Freien oder unter ihren alten Schirmen und Budendächern zu sitzen.

Der oben erwähnte Erlaß der sächsischen Provinzialkommission nennt die Denkmäler ein teures Erbe, an dem sich das Verständnis für die Geschichte unseres Volkes bilden, an dem sich die Heimat- und Vaterlandsliebe kräftigen kann und soll, und denkt dabei natürlich zunächst an die Denkmkäler von Menschenhand. Aber diese Worte gelten in gleichem Maße für die Gestaltungen der landschaftlichen Natur, die mit den Werken des Menschen vereint erst die gesamte überlieferte Physiognomie des Vaterlandes bestimmen. Ebenso wie sie sind sie idealer Gemeinbesitz des Volkes, und ebenso wie sie sind sie für die Ewigkeit unersetzlich, wenn sie einmal dem Drange, dem Scheinvorteil des Augenblicks, dem kleinen Begehren des einzelnen hingeopfert sind. Diese kostbaren Erbgüter der beständigen Gefährdung, der sie durch die Rücksichtslosigkeit des modernen Materialismus preisgegeben sind, zu entziehen, in der Jugend Ehrfurcht und Liebe für sie als für die unverletzlichsten Heiligtümer zu wecken und zu pflegen, das wäre ein besseres Förderungsmittel für Heimat- und Vaterlandsliebe als Feuerwerk und Blumengirlanden samt allen schönen Reden, mit denen heute patriotische Festtage im Übermaß gefeiert zu werden pflegen. Ja, das würde die wahre „Ehrung" der großen Heldengestalten sein, denen wir die Einigung des Vaterlandes verdanken, bedeutungsvoller und fruchtbringender als die gutgemeinte, aber herzlich geschmacklose Errichtung von Erz- oder Steindenkmälern an Orten, wo sie nicht hingehören und nur die tiefere poetische Weihe der Stätte stören, wie auf dem Kyffhäuser [10] und an der Porta Westfalica.

Über die tiefgreifenden Entstellungen, die die Landschaft im nördlichen und mittleren Deutschland durch die Verkoppelungen erlitten hat, ist schon gesprochen worden. Mit den Verkoppelungen pflegen die Gemeinheitsteilungen Hand in Hand zu gehen, die mit den Angern auch Hirten und Herden verschwinden machen, schöne, lebendige Bilder ländlicher Ursprünglichkeit vernichten und die ungesunde Stallfütterung an die Stelle der natürlichen Verhältnisse der Viehzucht setzen.

Schon Hoffmann von Fallersleben klagt:

> Und der Winter war vergangen,
> Und der Sommer ging herum,
> Und es zog mich heiß Verlangen
> Nach der Heimat wiederum.
> Doch es trieb kein Hirt zur Weide
> Seine Herd' am Waldessaum,
> Denn sie teilten sich die Heide,
> Jeden Strauch und jeden Baum.
> Ja, so haben sie's getrieben!
> Alles wurde Wies' und Feld!

So trieben sie's und treiben es noch heute und vertreiben mit jeder Poesie und jedem Reiz des natürlichen Lebens zugleich die guten Geister, die für die Erhaltung der Seßhaftigkeit und des naiven Wohlgefühls der Landbevölkerung [11] sorgen halfen. In dasselbe Gebiet gehören endlich auch die Forstablösungen mit ihren in das soziale Leben der ländlichen Bevölkerung tief eingreifenden, verhängnisvollen Folgen. Die Wirkung aller dieser Dinge auf die Landschaft liegt auf der Hand: wie eine gemachte Blume nie zu einer wirklichen wird, so ist alles, was die Natur oder der unmittelbare Trieb des Volkes (der auch Natur ist) schöpferisch hervorbringt, auf keine Weise zu ersetzen durch die Erzeugnisse rationeller Maßregelungen. Auch die Gestaltung der Feldmarken mit ihren Wegen und Begrenzungen ist ein geschichtliches Naturprodukt, und wie vernünftig jener Volksinstinkt verfährt, indem er, den Hebungen und Senkungen, den gegebenen Eigenschaften des Bodens sorgsam nachgehend, seine Einteilungen macht, während vom grünen Tisch aus die unglaublichsten Torheiten mit Wasserläufen und Erdboden vorgenommen werden, das muß man erlebt haben, um es in seiner ganzen Tragweite zu begreifen. [12] Die Forstabfindungen aber, deren Wirkung für die Erscheinung, abgesehen von den neuen künstlichen Begrenzungen, sich auch in der Verminderung des Waldbestandes kundzugeben pflegt, während sie in sozialer Beziehung den Grund zur Verarmung und

Lockerung der von ihnen betroffenen Gemeinden legen helfen, kennzeichnen zugleich das Bestreben, das in der modernen Forstwirtschaft jede andere Rücksicht verdrängen zu wollen scheint. Der Wald mit seinen Erträgen wird zur Ware herabgewürdigt. Er soll nichts weiter sein als ein Kapital, dessen Nutznießung auf den höchsten Grad zu steigern ist. Die peinliche Ausnutzung des Bodens, das Verschwinden aller Lichtungen, aller Waldwiesen, dieser reizenden Sammelplätze des Wildes mit ihren einsamen Blumen und Insekten, die oft übertriebene Reichlichkeit von Wegeanlagen für die Holzabfuhr, die von weithin sichtbaren Abgrenzungen der Reviere, die erbarmungslose Vernichtung absterbender Bäume, in deren Astlöchern ein Specht nisten könnte, wie die ebenso gründliche Ausrottung aller Bäume und Büsche, die das Unglück haben, auf die Proskriptionsliste der sogenannten „Forstunkräuter" gesetzt worden zu sein, obwohl sie zum Teil der Wiederbelebung der Holzindustrie von größtem Nutzen sein könnten – alles dieses und noch vieles andere deutet auf dieselbe Quelle.

Am einschneidendsten aber macht sich die Herrschaft des pekuniären Gesichtspunktes in dem Aussterben wirklich alter Waldbestände fühlbar, in den immer knapper werdenden Zeiträumen des Umtriebes. Nicht nur, daß die eigentlichste Herrlichkeit und Ehrwürdigkeit des Waldes mit dieser Baumriesenwelt zu Grabe getragen wird: auch der volkstümlichen Bauart mancher Gegenden, die wesentlich an die starke Mitwirkung des Holzes, namentlich des Eichenholzes gebunden ist, wird damit der Todesstoß versetzt, und zu gleicher Zeit wird der Holzindustrie, besonders der häuslichen, vollends der natürliche Boden entzogen. Und was tritt an die Stelle? Vor allem die Pappe und das Papier. Es räumt ein Laubwald nach dem anderen der Fichte den Platz, deren dichtgedrängte Pflanzbestände nach kurzem Wachstum geschlagen werden, um an „Kartonagefabriken" zur Umwandlung in Pappe und Papier verkauft zu werden. Wir aber genießen dafür das Glück, jedes Stück Seife, jedes halbe Pfund Eiernudeln in besonderen Kartons nach Hause zu tragen und unseren Papierkorb täglich mit unzähligen Emballagen von der dünnsten bis zur dicksten Sorte, mit bedrucktem Briefpapier und Briefumschlägen, mit opulenten Anzeige-, Einladungs- und Glückwunschkarten, mit Heften, ja Büchern ungelesener illustrierter Reklamekataloge frisch füllen zu können. Eine Anhäufung halb widerlicher, halb lächerlicher Überflüssigkeiten. Überflüssig nur nicht für die Herren Fabrikbesitzer, die bei ihrer Fabrikation reich werden, und für den Staatssäckel, der den doppelten Vorteil genießt, seinen Wald möglichst rasch in möglichst viel Geld umzusetzen, zugleich aber auch die Steuern seiner Großindustriellen einzuheimsen.

Auch die Pedanterien der Wegebaukommissionen liefern einen hübschen Beitrag zu dem Kapitel von der menschlichen Beschränktheit, die unfähig ist, vom Kleinen und Gemeinsamen sich zu höheren Gesichtspunkten aufzuschwingen. Bald müssen herrliche Alleen gekappt werden, weil es einem der Herren plötzlich einfällt, der „Tropfenfall" könnte die vorschriftsmäßige Ordentlichkeit der Landstraße zu sehr gefährden; oder es werden prächtige alte Bäume abgeschlagen, die einen steinernen Brückenübergang malerisch bezeichnen, weil es doch sein könnte, daß in hundert Jahren die Wurzeln das Brückengemäuer bedenklich durchwühlt und vor der Zeit reparaturbedürftig gemacht haben könnten; oder die anliegenden Ländereien sollen vor Bodenaussaugung und vor Schatten bewahrt werden, und man erfindet dem zuliebe, wie es z.B. im Hannoverschen geschah, einseitige Obstbaumalleen, die zeitlebens auf ihr Gegenüber zu warten scheinen. Und was die Kommissionen nicht fertig bringen, besorgen die Ortsvorstände. Vor allem die vollkommenste Geradlinigkeit der Straßen ist ein unverbrüchlich heiliges Gesetz in ihrem heutigen Kodex. Jedem alten Hause, das die Unart hat, vorzuspringen und angenehmen Wechsel in das Einerlei zu bringen, ist der Tod zugeschworen, und den Bäumen, die nicht in Reih und Glied stehen, geht es nicht besser. In einem winzigen Städtchen Westpreußens wurden kürzlich zwei uralte Linden von wunderbarer Schönheit niedergehauen, die – an der Kirchhofsmauer stehend – mit der schönen mittelalterlichen Backsteinkirche ein reizend poetisches Bild gaben, einmal, weil die seitabliegende Straße, auf der fast nie ein Mensch zu sehen ist, „begradigt" werden sollte, und zweitens, weil der Ortsgeistliche der Meinung war, daß dergleichen schattende Bäume doch an solcher Stelle zu günstige Gelegenheit böten zum Stelldichein für Liebespaare!! Man sollte doch auch den Weinbau abschaffen, weil notorisch einige Leute betrunken werden, wenn sie zu viel Wein trinken!

Während jedoch die oben genannten Verwaltungsmaßregeln nur allmählich und für den flüchtig Durchreisenden kaum bemerkbar ihr Zerstörungswerk vollziehen, gibt es andere Dinge, die auch dem Blödesten in die Augen springen, allerorten genug. In einem Teil des Wesergebirges hatte ein Oberförster die ganze Reihe prächtiger, den Kamm des Bergzuges schmückender Dolomitklippen an eine Aktiengesellschaft verhandelt, die sie abbrechen und daraus Thomasphosphatmehl herstellen wollte zur Düngung der Äcker. Zum Glück kreuzte die vorgesetzte Behörde den Plan. Nun tauchen dieselben oder ähnliche Spekulanten an anderer Stelle wieder auf, wo es sich leider um Privateigentum handelt, und wo eine Felsgruppe, die sogenannte Lippoldshöhle, gefährdet wird, die im frühen Mittelalter mit ihren Spalten und Gängen zu einem burgartigen Schlupfwinkel ausgestaltet wurde. Noch ist es ungewiß, ob es gelingen wird, die Vernichtung dieses einzigen, ebenso geschichtlich interessanten wie landschaftlich reizvollen Punktes zu retten. [13]

Die empörenden Verwüstungen, die die Felspartien der Sächsischen Schweiz, namentlich am Elbufer, durch Steinbrüche erlitten haben, sind bekannt. Fast überall läßt sich dort Sandstein brechen, also auch an einer Fülle von Punkten, wo die Landschaft keine wesentliche Einbuße erleiden würde. Aber die bequemere Gelegenheit für den Transport, der größere Geldgewinn, der in Aussicht steht, gibt den Ausschlag. [14] Am rechten Rheinufer, etwa Remagen gegenüber, werden Basaltkegel angetastet, deren wundervolle Linien im Verein mit denen des Siebengebirges bisher, von der Bonner Gegend aus gesehen, ein Gesamtbild gaben, wie es in Deutschland einzig dasteht. Schon jetzt beginnen die Spuren des Zerhackens die herrlichen Umrisse zu schädigen; aber noch wäre es Zeit, das Schlimmste abzuwenden. [15] Im Vergleich damit sind die Steinbrüche im Nekkartal erfreuliche Erscheinungen. Sie vernichten nicht malerische, von der Natur selbst geschaffene Felsbildungen oder Bergkonturen, sondern treffen meist unbedeutenderes Gelände, ja sie werden, wenn sie verlassen und verwittert sind, eher den Eindruck der Talwände beleben. Freilich ist ihre Zahl schon sehr beträchtlich, und sie dürfte kaum noch vermehrt werden, ohne nicht das Landschaftsbild dauernd zu beeinträchtigen.

Von den zahllosen Grausamkeiten gegen die Natur, die die Eisenbahnen auf dem Gewissen haben, ist eine der unverantwortlichsten die, die gegen das Höllental bei Freiburg im Breisgau verübt worden ist. In so wundervoller Fülle auch noch heute der herrlichste Wald die Abhänge bedeckt, so unvergleichlich malerisch auch Fels und Burgtrümmer am Hirschsprung die Welt abzuschließen scheinen, die große, einsame Poesie dieses Tales verträgt nicht den Dampf der Lokomotive; die riesenhaften Steindämme, die errichtet werden mußten, um den Schienenstrang zu tragen, die rauchgeschwärzten Löcher der Tunnel, die kahlen Telegraphenstangen mit ihren Drähten, das alles durchbricht so beständig das Bild, daß man nirgends mehr imstande ist, voll und frei die Stimmung nachzuempfinden, die ehemals über dieser wunderbaren Schlucht lag. [16]

Deutschland besitzt neben einer bedeutenden Anzahl schöner alter und auch neuer Steinbrücken leider eine mindestens ebenso große Zahl neuer eiserner, die fast ausschließlich häßlich sind: Eisenbahnbrücken und andere. Allein diesen ist es mehr oder weniger gelungen, ihre Umgebung gleichsam auszulöschen, mag sie an sich noch so anmutig sein, so z.B. oberhalb Dresdens, wo die Elbufer seit einigen Jahren durch ein riesiges Stangenwerk verbunden werden, das beinahe die halbe Höhe des Loschwitzer Abhangs erreicht. Die brutalste Wirkung aber bringt jedoch der ungeheure Eisenkasten hervor, der, auf zwei Riesensteinpfeilern ruhend, den Eingang zu dem wilden Seitental des Höllentals, zur Ravennaschlucht bei Höllsteig überbrückt. Freilich an und für sich gewiß ein erstaunliches technisches Kunststück! Aber was soll man dazu sagen, wenn die beispiellose Verunglimpfung, die dieses Ungetüm an dieser Stelle hervorbringt, auch noch photographiert und in allen Gaststuben und allen Schaufenstern der Kunstläden ausgehängt wird? Ganz nach dem Muster der großen Dampfbrauereien und sonstigen Fabriken, auf deren Reklameschildern alle Häßlichkeiten ihrer Betriebsgebäude und Schornsteine auf dem Hintergrund der armen, von ihnen ruinierten Landschaft sich wohlgemut breit machen, je ungeschlachter, um so besser. Unwille und Trauer über die Höllentalbahn sind um so berechtigter, als ihr Nutzen in keinem Verhältnis zu dem Schaden steht, den sie gebracht hat – nicht nur zu der Einbuße an Poesie und Schönheit, sondern auch in anderen Beziehungen.

Die alte Poststraße, die den Verkehr von Schwaben her nach dem Rhein seit Jahrhunderten vermittelte und von deren außerordentlicher Belebtheit die nun verwaist stehenden mächtigen Stallgebäude der ehemaligen Posthalterei Höllsteig Zeugnis ablegen, ist verödet. Während sonst im Winter wie im Sommer das gesunde, volkstümliche Leben in dem stattlichen Gasthaus nie still stand, das von der ersten Hälfte des fünfzehnten Jahrhunderts an den Mittelpunkt des Verkehrs bildete, jagen jetzt die Eisenbahnzüge vorüber, und der Verdienst ist auf das beschränkt, was etwa Sommerpensionäre und Touristenschwärme während der heißen Monate einbringen. Knechte aber und Dienstmägde sind nicht zu haben, weil alles gewinn- und vergnügungssüchtige Volk den Weg zur Fabrikarbeit in der Stadt sucht. So ist zum Vorteil weniger eine natürliche Daseinsform künstlich beseitigt, bei der jedes einzelne Glied der Gesamtheit auf seine Rechnung kam, die also selbst für eine angemessene Verteilung des Besitzstandes sorgte; und das, während die ganze Weltlage unter dem Druck der unglückselig verschobenen Besitzverhältnisse leidet, die durch die reißend schnelle und maßlose Entwicklung der Großindustrie vor allem anderen herbeigeführt worden ist. Wenn die Weiterführung der Bahn nach Donaueschingen hinüber zustande kommen sollte, so wird sie vielleicht an praktischer Bedeutung gewinnen; daß sie notwendig gewesen sei und daß nicht ebensowohl eine andere Linie für die Verbindung von Ost und West hätte gewählt werden können, kann niemand behaupten.

Eine Gefahr, die erst seit kurzem die Schönheit der Natur bedroht, liegt in der immer mehr um sich greifenden Antastung natürlicher Wasserläufe zur Verwertung ihrer elektrischen Kraft. Im Harz tauchte vor einigen Jahren der Plan auf, die schäumende Bode mit ihren Wasserfällen oberhalb der Roßtrappe eine Strecke weit abzuleiten, um ein Elektrizitätswerk zu errichten. Zum Glück war in diesem Falle die Entrüstung der vernünftigen Leute mächtig und laut genug, um die Ausbeuter verstummen zu machen und so zu verhindern, daß die wilde Großartigkeit des Roßtrappentals hingeopfert würde. [17]

Ein ähnlicher, nur noch ungeheuerlicherer Plan spukt jetzt in den Köpfen einiger süddeutscher Techniker und Unternehmer. Man will nichts geringeres, als die gewaltigen Stromschnellen bei Laufenburg, einige Meilen unterhalb Schaffhausen, der Elektrizitätsentwicklung dienstbar machen. Wer Laufenburg gesehen hat, der weiß, daß es wenige Städtebilder auf deutschem Boden gibt von ähnlich wildphantastischem Zauber: ein unmittelbar am Ufer des reißenden Stromes auf Felsengrund sich hoch aufbauendes Städtchen durchaus mittelalterlichen Charakters, überragt von Warttürmen, Schloßtrümmern und einer gotischen Kirche, und ihm zu Füßen der smaragdgrüne, jugendliche Rhein in rasendem Toben, Brausen und Schäumen über die zerrissenen Klippen sich in die Tiefe stürzend! Einstweilen ist es noch keiner der beiden Gesellschaften, die sich, jede mit einem anderen Projekt, bei der badischen Regierung bemühen, gelungen, die Erlaubnis zur Ausführung ihres Planes zu erlangen. Darf man erwarten, daß an entscheidender Stelle das Gefühl der Verantwortung auf die Dauer stark genug bleiben werde, um eine Tat abzuwehren, die getrost ein Verbrechen an der Menschheit genannt werden dürfte? [18]

In geringerem Umfang ist ähnliches im Süden des Schwarzwaldes leider Gottes schon reichlich verübt worden. Auch gerade in der Nähe von Laufenburg hat eine große Fabrik, deren Baulichkeiten vom rechten Rheinufer her einen häßlichen Mißton in die Schönheit des Gesamtbildes bringen, die Erlaubnis erhalten, ein idyllisches Waldtal zu verderben: der Bach [19], der rasch über Felsgestein bergab fließend auch einen sehr anmutigen Wasserfall bildet, soll eine Stunde oberhalb abgeleitet und das Tal trockengelegt werden. Ein Laufenburger Bürger erzählte, daß namentlich schweizerische Unternehmer, denen durch die Zollerhöhung der Absatz in Deutschland erschwert sei, sich auf der badischen Rheinseite anzukaufen versuchen, um dort Fabriken anzulegen und den Zoll zu sparen. Und die guten deutschen Gemeinden bejubeln dies ihnen nahende Glück, sie tun alles, bieten sogar Steuernachlaß auf mehrere Jahre an, um nur eine Fabrik in ihre Nähe zu bekommen. „Dann wollen die Mädchen und Burschen", erzählte er weiter, „bei niemandem mehr Magd oder Knecht sein, lernen die Liederlichkeit und verprassen abends ihr Geld, das sie tagsüber in der Fabrik verdient haben. Aber Fremdenbesuch, der Geld brächte, gibt es bei uns nicht viel, und so wollen die Leute Fabriken haben." Natürlich! um doch auch mitzumachen und ihr Teil von der allgemeinen modernen

Glückseligkeit abzubekommen, die ihnen so lockend nahe vor die Augen gerückt ist, die die Begehrlichkeit geweckt, die Einfachheit und Genügsamkeit der ländlichen Zustände zerstört, in die Solidität des kleinen Geschäftsverkehrs das Gift städtischer Schwindelkonkurrenz getragen hat!

Wie es niemandem einfallen kann, von einer vernünftigen, höhere Rücksichten achtenden Nutzung der Bodenerzeugnisse und Naturkräfte abhalten zu wollen, so könnte auch nur ein Narr fordern, die Menschheit oder ein einzelner Staat solle auf Eisenbahnen, auf Elektrizität und Fabriken verzichten. Aber zwischen Gebrauchen und Gebrauchen ist ein Unterschied. Es kommt alles auf das Maß an, das man walten läßt. Den Wald ausroden, bedeutet, wie Riehl einmal ausführt, bis zu einer gewissen Grenze Fortschritt und Kultur; über diese Grenze hinaus bedeutet es Barbarei, und zur Kultur wird umgekehrt das Schonen und Ansäen. Mit dem vermeintlich absoluten Fortschreiten, das die sogenannten Errungenschaften der Neuzeit darstellen sollen, steht es geradeso zweischneidig. Wer die Gesamtlage überblickt, dem erscheint der Wendepunkt längst überschritten, der Überschuß an negativen Ergebnissen, wie er in unserer sozialen Entwicklung hervortritt, riesengroß. Nur wessen Augen stumpf geworden sind, weil er zu unverwandt in die eine große Blendlaterne hineingesehen hat, kann das Gegenteil behaupten. Und wie könnte es anders sein nach Jahrzehnten maß- und widerstandsloser Einseitigkeit, mit der man dem Drängen einer übermächtigen Bewegung nachgegeben hat?

Möchte man doch endlich einmal anhalten, sich besinnen und die Augen für das auftun, was rechts und links niedergeworfen und zertreten am Boden liegt!

Seit das große, wirklich unentbehrliche Schienennetz deutscher Eisenbahnen für den Weltverkehr fertig ist, welche Fülle von Verzweigungen sind in Szene gesetzt worden; oft von zweifelhaftestem Wert! Jetzt noch einem neuen Begehren nach einer Eisenbahn nachgeben, müßte nur noch in dringenden Fällen geschehen dürfen, in wirklich ernsten Notlagen, wie sie ja freilich für manche Gegenden heutzutage infolge der Verschließung aller Konkurrenzverhältnisse eintreten können; aber nicht auf die bloße Möglichkeit materiellen Gewinnes einzelner hin oder gar zur Befriedigung eines eingebildeten Verkehrsbedürfnisses und einer törichten Vergnügungssucht.

In seinem klassischen Buch „Land und Leute" sagt W. H. Riehl: „Es ist eine matte Defensive, die die Fürsprecher des Waldes ergreifen, sofern sie lediglich aus ökonomischen Gründen die Erhaltung des gegenwärtigen Waldumfanges fordern. Die sozialpolitischen Gründe wiegen mindestens ebenso schwer. Der Mensch lebt nicht vom Brot allein. Auch wenn wir keines Holzes mehr bedürften, würden wir doch den Wald brauchen. Brauchen wir das dürre Holz nicht mehr, um unseren äußeren Menschen zu erwärmen, dann wird dem Geschlecht das grüne, in Saft und Trieb stehende zur Erwärmung seines inwendigen Menschen um so nötiger sein. In unseren Walddörfern sind unserem Volksleben noch die Reste uranfänglicher Gesittung bewahrt, nicht bloß in ihrer Schattenseite, sondern auch in ihrem naturfrischen Glanze. Nicht bloß das Waldland, auch die Sanddünen, Moore, Heiden, die Felsen- und Gletscherstriche, alle Wildnis und Wüstenei ist eine notwendige Ergänzung zu dem kultivierten Feldland. Es gehört zur Kraftentfaltung eines Volkes, daß es die verschiedenartigen Entwicklungen gleichzeitig umfasse. Ein durchweg in Bildung abgeschliffenes, in Wohlstand gesättigtes Volk ist ein totes Volk, dem nichts übrig bleibt, als daß es sich mitsamt seinen Herrlichkeiten verbrenne wie Sardanapal. Der ausstudierte Städter, der feiste Bauer des reichen Getreidelandes, das mögen Männer der Gegenwart sein, aber der armselige Moorbauer, der rauhe, zähe Waldbauer, das sind die Männer der Zukunft. Rottet den Wald aus, ebnet die Berge und sperrt die See ab, wenn ihr die Gesellschaft in dem gleichgeschliffenen Universalismus der Geistesbildung nivellieren wollt. Ein Volk muß absterben, wenn es nicht mehr zurückgreifen kann zu den Hintersassen in den Wäldern, um sich bei ihnen neue Kraft des natürlichen rohen Volkstums zu holen."

Abb. 7. Hecken (Knicks) in Holstein

Abb. 8. Pfründnerhäuser in Maulbronn als Beispiel für das nordische hohe Dach

Abb. 9. Ländlicher Hof in Oberitalien als Beispiel für das südliche flache Dach

Abb. 10. Wohlerhaltene Natur eines Flußufers

Abb. 11. Kulturlandschaft, mit der Natur in Einklang gebracht

Abb. 12. Rockenbrunn (Fränkischer Hof)

Abb. 13. Rockenbrunn (Fränkischer Hof)

Abb. 14. Steinerne und eiserne Eisenbahnbrücke

Als Riehl im Jahre 1853 diese Worte schrieb, konnte er hinzusetzen: „Freuen wir uns, daß es noch so manche Wildnis in Deutschland gibt."- Was hat in dieser kurzen Spanne Zeit der Vernichtungskampf, den das moderne Leben nicht nur gegen die Mauern, die Straßen, die Häuser unserer Ahnen, sondern vor allem gegen die wilde Natur führt, hingemordet, in einem Umfang, wie es niemand damals nur von fern ahnen konnte! Und nicht nur die sogenannte „wirtschaftliche Erschließung" sorgt dafür, daß bald auch der entlegenste Winkel deutscher Berge und Heiden nicht mehr für Hinterland im Riehlschen Sinne wird gelten können, sondern ebenso sehr die modische Reise-, Touristen- und Sommerfrischlerwirtschaft unserer Zeit. Es liegt eine erschrekkende Wahrheit in der Äußerung jenes Laufenburger Bürgers: „Entweder Fremde oder Fabriken." Die Spekulation der Gastwirte, mit oder ohne Unterstützung strebsamer Bürgermeister, bringt es wohl noch am ehesten zuwege, daß irgendein Wasserfall, ein schönes Stück alten Waldes, eine charakteristische Felsgruppe der Gier der industriellen Ausbeutungshelden den „Fremden" zuliebe entgeht. Aber wie bringt sie es zuwege! und um welchen Preis! Eichendorff singt:

> Es duftet still die Frühlingnacht
> Und rauscht der Wald vom Felsenrand,
> Ob's jemand hört, ob niemand wacht –

und so soll es sein! Wird aber erst überall die Lärmtrommel geschlagen, handelt es sich um nichts mehr als um eine Reihe effektvoller Schaustücke der Natur, für das große Publikum appretiert, so ist es aus mit der jungfräulichen Schönheit der Erde. Für dieses Parademachen vor den Touristen sind leider auch die Forstbehörden meistenteils zu haben, und sie meinen etwas wunder wie Lobenswertes damit zu tun. Wie sollten sie auch nicht? Schreit ihnen doch die ganze Welt denselben Gassenhauer in die Ohren von der Beglückung durch Fremdenverkehr und dem Spekulieren mit Naturschönheit.

Der Naturgenuß ist Versenkung in die Gleichniswelt der Schöpfung, in die unendliche Poesie göttlicher Offenbarungen. Von niemandem ist dies deutlicher empfunden, begeisterter zum Ausdruck gebracht worden als von Eichendorff in seinen gesamten Dichtungen. Der Naturgenuß ist darum der Andacht verwandt und gehört wie sie seinem innersten Wesen nach der Einsamkeit an. Wohl erweckt er oft genug wie alles Beste Sehnsucht nach Mitteilung, und wohl mag er ebenso oft durch Gemeinschaft und Austausch mit einigen wenigen in gewissem Sinn gesteigert werden. Am tiefsten wird er dennoch den Menschen ergreifen, wenn er allein ist. Nichts aber wäre verkehrter, als ihm hieraus den Vorwurf selbstsüchtiger Abgeschlossenheit ableiten zu wollen. Auch das Gebet gehört zu allererst in die einsame Kammer. Das Bewußtsein einer großen, weiten Gemeinschaft Gleichgestimmter erhebt und stärkt das religiöse Gefühl im öffentlichen Gottesdienst, und trotzdem sucht der einzelne auch hier mit seiner Andacht allein zu bleiben, alle ihn Umgebenden nach Kräften zu vergessen. Und dies wird ihm ermöglicht durch die Haltung, die alles beherrscht. Jedes unwürdige Betragen anderer aber, jede Entweihung der Stätte und des Augenblicks muß auf das peinlichste empfunden werden, weil durch sie alle Vorbedingungen zerstört werden, deren die Seele zur Sammlung bedarf. Ganz ähnlich steht es mit der poetischen Naturstimmung. Wer wollte sich nicht von ganzem Herzen mitfreuen, wenn anderen das Herz aufgeht im Anblick der schönen, reichgeschmückten Erde! Wo das Gemüt spricht, schweigen die niederen Triebe; es liegt in der Naturfreude eine sittlich reinigende Macht. Um dessentwillen also: wie vieles an menschlichem Gedränge und Getreibe nimmt man nicht gelegentlich auf Wanderungen und Reisen gern mit gutem Humor ohne weiteres hin, indem man sich sagt, daß dergleichen nun einmal von dem natürlichen Verlauf der Dinge nicht zu trennen ist. Von hier aber bis zu den Zuständen, in die wir heute an allen Ecken und Enden geraten sind und täglich tiefer versinken, ist ein weiter Weg. Da wäre nicht mehr das Bild einer großen Gemeinde am Platze, sondern nur noch das vom Tempel, in dem Wechslertische und Krämerbuden aufgeschlagen worden sind, die nichts anderes verdienen, als umgestoßen zu werden. Wahre, tiefe Naturempfindung ist eben leider ungefähr ebenso selten wie echte Frömmigkeit. Wäre es nicht so, die Mehrzahl der Veranlassungen zu Klagen und Anklagen, wie sie hier ausgesprochen werden, würde fortfallen. Nun gibt es natürlich keine Kommission, die damit zu beauftragen wäre, die Spreu vom Weizen, das Modepublikum von den empfänglichen Gemütern zu sondern. Man kann niemandem befehlen, zu Hause zu bleiben, der Lust hat zu reisen. Aber gewisse Leute kommen nur auf gewisse Köder. Wenn man nicht so geschäftig wäre, derlei Köder herzurichten, wenn nicht jede Kommune, jedes Nest erpicht darauf ausginge, mit der Natur Geschäfte zu machen, die Welt würde nicht so geglättet, so verkleinlicht, verunziert, abgeputzt und abgenutzt aussehen, wie sie das schon jetzt an unzähligen Stellen ist und noch immer mehr zu werden verspricht. Das Angebot trägt offenbar an diesem Unheil größere Schuld als die Nachfrage, und die Regierungsorgane, die hier nicht zu beschränken verstehen oder nicht beschränken wollen, handeln unverantwortlich.

Noch vor gar nicht langer Zeit, wo der Harz und der Thüringer Wald schon von Großstädtern überschwemmt waren und in ihren besuchteren Teilen alle Widerwärtigkeiten auswiesen, die mit dieser Ehre verbunden sind, schien der Schwarzwald noch kaum berührt von eigentlicher Fremdenindustrie. Jetzt hat auch hier die Pestilenz der sogenannten Kultur einen der fruchtbarsten Böden gefunden – einem Mehltau gleich, der alles grünende, sprossende Gewächs überkriecht und krank macht. Wie im übrigen Deutschland so auch hier bieten sich Städte, Dörfer, Täler, Berge als Aufenthalts- oder Kurorte in Zeitungsannoncen und auf bunten Prospekten, in Gasthäusern und auf Bahnhöfen feil, zählen alle ihre Reize, materielle, ästhetische und „historische" der Reihe nach auf, rechnen den Leuten vor, wie bequem, für wie billiges Geld das alles zu haben sei, für ein paar Stunden oder zu dauernder Niederlassung – kurz: die gemalten Dirnen, die auf jenen Anpreisungsbildern nicht zu fehlen pflegen, sind die völlig entsprechenden Aushängeschilder, um dies schamlose Treiben mit dem rechten Namen zu bezeichnen. Statt schlichter Gasthäuser, die schlichten Reisenden erfreulich sein würden, überall geleckte Hotels, meist mit großstädtisch „gebildeten" Wirten und großstädtischen Kellnern, damit den geehrten Besuchern nur ja nichts von dem gewohnten Jargon ihrer Lebensweise fehle. Und das alles nicht nur im Anschluß an vorhandene Ortschaften, sondern auch – nach dem Beispiel der Schweiz mit ihren Engländerkasernen und *Lawn-tennis*-Plätzen angesichts des ewigen Schnees – als Pensionen und Luftkurorte mitten in die Einsamkeit der Berge und Bergseen hineingebaut. Dazu dann natürlich rings umher promenadenartig gepflegte Wege, Ruhebänke, Pavillons und Aussichtstürme.[20] Ruinen aber müssen, wenn nicht durch eine angeklebte Wirtschaft, so doch wenigstens durch eine Flaggenstange dem Empfinden der „gebildeten Gesellschaft" näher gerückt werden. Ja, kürzlich ist man in Schwaben so geschmackvoll gewesen, gar einen eisernen Aussichtsturm in das Burggemäuer des Hohenhöwen hineinzupflanzen, der dann zum großen Jubel der Umgegend feierlich eingeweiht wurde. Daß die üblichen Postkarten mit Bildern der Sehenswürdigkeiten nicht ausbleiben, versteht sich von selbst – die meisten so elend, daß sie für den Ofen gerade gut genug sind, andere nicht schlecht genug zum Wegwerfen, zu schlecht zum Behalten, wie so unzähliges unter den Erzeugnissen unserer Tage.

Natürlich gewordene, ordentliche, aber nicht elegant gehaltene Wege und mit Maß angebrachte Wegweiser sind gewiß im Gebirge wie im freien Land willkommen. Doch auch auf diesem Gebiet bringt es das offizielle Touristentum dahin, daß überall des Guten viel zu viel geschieht, daß die Erinnerung an beflissenes Wesen den Wandernden, der einfältige Natur sucht, nirgends verläßt. Und wenn gar auf Schritt und Tritt schwarz auf weiß darum gebettelt wird, man möge doch nur ja diesen so bequemen, kurzen, mit schattigen Ruheplätzen versehenen Weg einschlagen, um den oder jenen Aussichtspunkt zu erreichen, auf dem natürlich ein Hotel oder eine Wirtschaft steht, so schielt das

Interesse der Gastwirte, die auf ihre Rechnung kommen wollen, so fatal neben der Menschenfreundlichkeit her, daß unser Glaube vollkommen Schiffbruch leidet.

Es ist ein bezeichnender Zug für die Menschen unserer Zeit, daß sie alle Dinge mit den Händen betasten wollen und dann erst meinen, sie wirklich zu haben. Wie uns aber die Schönheit, die Idee des Baumes in Nichts zerrinnt, wenn wir seine Zweige herabreißen, seine Blätter untersuchend zerpflücken, wie der malerische Eindruck eines Gemäldes sich in Farbengeschmier und Leinwandfäden auflöst, sobald wir die Augen in seine unmittelbarste Nähe bringen, so zerfließen auch die großen Eindrücke der Außenwelt, zerfließt alle poetische Wirkung auf die Phantasie vor den Handgreiflichkeitsgelüsten der heutigen Weltdurchstürmer. Nicht wie die Dinge an sich beschaffen sind, sondern was sie dem Geist bedeuten, macht ihren eigentlichen Wert aus, und die unabsehbare Fülle geistigen Reichtums, die sich daraus ergibt, daß Nähe und Ferne, daß jeder Punkt, von dem aus man sie betrachtet, sie zu einem neuen, eigentümlich bedeutsamen Bild mit besonderer Stimmung zusammenrücken, gehört zum Erstaunlichsten in der Weltordnung. „Am farb'gen Abglanz haben wir das Leben", sagt Goethe. Geht uns das Verständnis für diese Wahrheit verloren, so behalten wir nichts zurück als toten Stoff. Um die riesenhaften, abenteuerlichen Felsgestalten der „Faraglioni", die in einsamer Unzugänglichkeit bei Capri schroff aus dem dunkelblauen Meer auftauchen, spielen die Erinnerungen und Träume uralter homerischer Fabelwelt. Ein deutscher Turner hat vor einigen Jahren nichts Besseres zu tun gewußt, als in Gemeinschaft mit einem einheimischen Schiffer unter äußerster Anstrengung und Lebensgefahr zwei Flaggenstangen auf die Spitzen dieser Felsen heraufzuwinden und sie dort aufzurichten, zum Zeugnis, daß es modernen Menschenhänden gelungen ist, auch diese Stelle zu betasten. Nun sieht das innere Auge nicht mehr die Gestalten des Odysseus und seiner Gefährten auf ihrem Ruderschiff an dem „unwirtlichen Gestade" vorübergleiten, sondern statt dessen zwei große Steinklumpen, von denen es einleuchtend ist, daß sie zwei emporkletternden Leuten außerordentliche Schwierigkeiten entgegensetzen mußten. Hundertmal ärger noch ist die Vorstellung einer Zahnradbahn auf den Sinai, die Zeitungsberichten zufolge eine Gesellschaft in Aussicht genommen hat. Auf den Sinai! Welches Wort genügt, um das Kindische dieser Neugierde, das Schamlose einer Spekulation auf diese Neugierde zu brandmarken, die den Wolkenschleier gleichsam lüften möchte, in den sich die Entstehung der heiligsten Urkunde der Menschheit hüllt, und die doch nichts zu finden vermag als öden, stummen Fels!

Wer begriffe und teilte nicht die Sehnsucht, einen mächtigen Bergesgipfel zu erklimmen, das

Hochgefühl, nach überstandenen Mühen hinab- und hinauszuschauen in eine große, reiche Landschaft! Wenn aber schon diese echt menschliche, zumal echt germanische Neigung in den letzten Jahrzehnten zu einem Modesport ausgeartet ist, der seine Aufgabe darin sieht, sich in Waghalsigkeiten zu überbieten und nicht zu rasten, bis auf jeder Hochgebirgsspitze eine Visitenkarte abgegeben worden ist, so wird die Sache doch noch ganz anders, wenn nicht mehr menschliche, zur Not auch noch tierische Muskelkraft, sondern maschinelle Vorrichtungen die Arbeit übernehmen. Keine Frage: unter allen Ausgeburten der Fremdenspekulation ist keine schmählicher als die der Drahtseil- und Zahnradbahnen, die die faulen Vergnüglinge scharenweise auf die Höhe der Berge zu schleppen haben und so viel Großstadtluft, so viel Weltplunder mit hinausschleppen, daß von der Freiheit, die „auf den Bergen wohnt", von lichtem Äther der Hochlandspoesie nichts mehr zu spüren bleibt. Wenn schon das Treiben dieser Art in den Alpen, namentlich in der Schweiz Anstoß erregt, wo selbst die reinen Schneegefilde der Jungfrau nicht mehr sicher sind vor den vermessenen Plänen der Ingenieure, so fällt in Deutschland bei den um so vieles geringeren Höhenverhältnissen unserer Waldgebirge jede Entschuldigung für dergleichen Unternehmungen weg. Die Bahnen auf den Drachenfels, den Neroberg bei Wiesbaden, den Niederwald, an dessen Fuße das reizende Aßmannshausen durch die Bahnanlage bis zur Unkenntlichkeit entstellt worden ist, sind ebenso viele Schandflecke der deutschen Landschaft, und jetzt stehen gar noch Zahnradbahnen auf die Schneekoppe und auf den Brocken in Aussicht![21] Ein für allemal müßte auf deutschem Boden jede Höhenbahn ausgeschlossen sein, mit der zumeist nur dem Bruchteil der Menschheit gedient ist, den man mit Fug und Recht Reisepöbel nennt, mögen die Sphären der Gesellschaft, aus denen er sich rekrutiert, so hoch oder so niedrig sein, wie sie wollen.

Ohne Zweifel wird es in den unzähligen Gebirgs-, Touristen- und Verschönerungsvereinen nicht an Leuten fehlen, die es ehrlich meinen mit ihrer Naturfreude. Auch wird man dankbar anerkennen müssen, daß von dieser Seite wiederholt Nennenswertes geschehen ist, um ein Stück schöner Natur zu retten. So verdankt man vor allem die Erhaltung des Petersberges im Siebengebirge, dessen schöne Gipfellinie eine Gesellschaft durch Anlage von Steinbrüchen gänzlich zu vernichten drohte, tatsächlich großenteils den Bemühungen des Bonner Verschönerungsvereins, der durch Ankauf kleiner Parzellen an verschiedenen Punkten des Berges ein radikales Vorgehen der Industriellen vereitelte. Wenn nur dergleichen nicht so vereinzelt bliebe! Wenn sich diese Vereine nur entschließen wollten, den ganzen unleidlichen sports- und professionsmäßigen Apparat des „Touristentums" samt seinem unglückseligen

Namen über Bord zu werfen und sich einzig und allein auf Bestrebungen des Natur-, Denkmals- und Volkstumsschutzes zu beschränken, die ihnen segensreiche Arbeit in Hülle und Fülle geben würden! Bei geschlossenem Zusammenwirken könnte ihnen der Erfolg nicht fehlen.[22] Statt dessen halten sie es für etwas Verdienstliches, ihren Mitmenschen en masse jedes Pünktchen Schönheit möglichst mundgerecht zu machen, an dem sich der einzelne einmal erfreut hat, und vernichten mit allen ihren Zurüstungen auf Bequemlichkeit gerade das in der Natur, was jedem tieferen Menschengemüt Bedingung ist, um den Atemzug freier, echter Poesie überhaupt zu empfinden. Burgruinen mit komfortabel eingerichteten Restaurationen in oder neben dem Gemäuer, Wasserfälle und Aussichtspunkte mit Wirtschaften oder Hotelpalästen in der unmittelbaren Nachbarschaft mag man in der Umgebung von Baden-Baden und ähnlichen Orten von europäischer Berühmtheit mit derselben Resignation ertragen, mit der man die Rigibahn oder das Treiben auf der Wengernalp erträgt. Aber die ganze Welt zuschneiden auf ein Netz von „Luftkurorten", die keine sind, zur Heilung nicht vorhandener Leiden, von Luxushotels zum Amüsement für die verlebte, mattherzige Gesellschaft der großstädtischen Salons, von Kneipen für das Heer der Philister, denen es Spaß macht, ihren Kaffee oder ihr Bier mit Naturdekoration zu genießen, das ist eine Versündigung an dem edelsten, innerlich kräftigsten, in seinem Empfindungsleben noch ungebrochenen Teil der Nation. Der Trivialität der Menschen ist schließlich nichts gewachsen, nichts zu hoch, um Hand daran zu legen und es zugrunde zu richten, sei es nun der lyrisch innige, gleichsam musikalische Zauber der deutschen Landschaft oder die plastische Schönheit Italiens. Es gibt Leute, die es allen Ernstes für ein erstrebenswertes Ziel halten, das ganze Harzgebirge in einen einzigen wohldisziplinierten Park zu verwandeln. In Rom aber entwarf vor einer Reihe von Jahren ein italienischer Minister einen ausführlichen Plan, der nichts Geringeres vorhatte, als das gesamte Gebiet der antiken Trümmer vom Forum Romanum bis zur Appischen Straße ebenfalls zu einem Riesenpark umzugestalten.

Daß die innere Ausstattung der alten Schlösser an gediegenem Ernst dem Geiste des Baues entsprechen müsse, galt sonst als selbstverständlich. Heute finden wir in manchem alten, ehrwürdigen, schönen Bau, dessen prächtige Gewölbe und dessen ernste Wände wie ein steinerner Protest gegen den modernen Tand wirken, die zudringliche, dem Wesen des Protzentums geradezu abgelauschte, an die Möbeltrödelbude gemahnende kunst- und geistlose Anhäufung aller Möbelarten, wie sie jetzt für modern gehalten wird. Und nicht anders im Bauernhause! Die alte Tracht des Vaters macht dem neuen Allerweltsgewand Platz. Den Kirchenrock ersetzt das

„Ausgehjacket". An die Stelle des Echten, Tüchtigen in der weiblichen Kleidung tritt das Unechte, Nachgeahmte, Tändelnde. Der Bauer im altväterlichen Abendmahlsrock ist eine ehrwürdige, ernste Erscheinung. Im großstädtischen Gigerl- oder Durchschnittsanzug hat er niemals etwas Ehrwürdiges, oft etwas Lächerliches. Wie tüchtig und kernig mutet nicht die alte Bauernstube an mit ihren festen Stühlen, ihren mächtigen Truhen, ihrer ganzen, den kernhaften Bauernsinn widerspiegelnden Ausstattung! Heute haben schon hier und da mit der elenden „Causeuse", auf der kein Mensch ruhen kann, auch die Nippstühlchen Eingang gefunden, auf denen sich niederzulassen für einen einigermaßen gewichtigen Mann ein Wagnis ist. Man glaubt verpflichtet zu sein, es den Städtern nachzutun, und hält sich törichterweise für etwas Geringeres, wenn man sich ihnen nicht anähnlen kann. Das eigenartarme, über einen Kamm geschorene, blutleere Durchschnittswesen, das jeder Tieferblickende für einen Schaden des Großstadttums ansieht, wird als Kennzeichen des Fortschritts und der sogenannten Bildung geachtet und nachgemacht. Wenn doch alle unsere Landleute erkennen wollten, daß die alten Bräuche und Trachten ein Stück moralischen Reichtums bergen und daß die städtische Durchschnittssimpelei ein Beweis bedauernswerter innerer Armut ist! Je ärmer das Seelenleben eines Volkes ist, um so einförmiger wird sein Außenleben, und umgekehrt. Aber noch mehr!

Das Schwinden der Besonderheiten in Brauch und Tracht ist nicht nur ein Zeichen seelischer Verarmung, sondern bekundet auch Schwinden der Standesehre und Verlassen der Standesfreude. Der Landmann, der sich seines herrlichen Standes freut, der noch stolz darauf ist, das zu sein, was er ist, wird auch bemüht sein, das zu wahren, was ihn äußerlich von den anderen unterscheidet. Die Sucht, im Gewand und im Gebaren etwas anderes zu scheinen, wird ihm fremd sein und verächtlich erscheinen. Daher ist die Mahnung, die alten Eigentümlichkeiten des Standes: Sitten und Gebräuche, Tracht und Schnitt, Hausrat und Hauszier zu wahren, viel wichtiger und weiter reichend, als man auf den ersten Blick meint. Der Stand, der seinen Stolz einbüßt, der keine Freude an sich hat, ist im Niedergang begriffen. Wer also die Kennzeichen des Standesstolzes und so das Standesbewußtsein wahrt, der wehrt damit dem Niedergang des Standes.

Dem wäre nur noch hinzuzufügen, daß selbst die alte treffende Benennung „Bauer" in Mißkredit geraten will. Man darf nicht mehr auf die Briefadressen setzen: „Bauer", sondern muß sich zu den leeren Ausdrücken „Besitzer" oder „Ökonom" bequemen.

Wenn es so die heutige Gesellschaft mit all ihrem Treiben glücklich zuwege gebracht hat, daß das Naturwüchsige, Gesunde in jeder seiner Äußerungen als das Überwundene, Geringe, Zurückgebliebene beiseite geschoben und auf den Aussterbeetat gesetzt wird, so werden doch dieselben Leute der neuesten Mode, wenn ihnen einmal von einem recht pikanten Stück übriggebliebener Volkstümlichkeit zu Ohren kommt, wieder lüstern, diese Naturmerkwürdigkeit in Augenschein zu nehmen. Das Passionsspiel in Oberammergau, dieser schöne, rührende Rest einer aus innigster Frömmigkeit geborenen Volkskunst, ist zum Sammelplatz für die Neugierigen aus aller Herren Länder, ja aus allen Weltteilen geworden. Und jetzt, wo sich die Lockspeise an der einen Stelle reichlich bewährt hat, fängt man auch im Böhmerwald an, sich zu besinnen, daß man mit der religiösen Naivität in ähnlicher Weise ein Geschäft machen könnte. In Oberammergau aber begeben sich die Darsteller der heiligen Personen zu ihrer Vorbereitung zu Münchner Schauspielern in die Lehre, und es wird alles aufgeboten, die Schaulust und die sonstigen Ansprüche der großen Welt so vollkommen wie möglich zu befriedigen. Was ist nun damit gewonnen, daß diese wunderbare Blüte schlichten Volksglaubens in ihrer Abgeschiedenheit die Wandlungen der Zeit überdauert hat, wenn sie nur dafür lebendig geblieben ist, jetzt der Entweihung preisgegeben zu werden? Entweihung aber ist und bleibt eine theatralische Darstellung der Vorgänge, die der gesamten christlichen Welt, so weit sie diesen Namen verdient, noch heute ein Allerheiligstes sind, wenn diese Darstellung nicht lediglich aus dem Bedürfnis der Andacht hervorgeht und von allen –

Darstellern wie Zuschauern – als Gottesdienst empfunden wird. Mit der Voraussetzung völlig unberührter, kindlicher Volksanschauung stehen und fallen diese Dinge. Freilich hat die Regierung dem Verlangen nach häufigerer als zehnjähriger Wiederholung nicht nachgegeben. Aber sie müßte weitergehen: sie müßte ihre Erlaubnis zu den Spielen davon abhängig machen, daß nicht nur jede fachmännisch schauspielerische Einwirkung ein für allemal unterbliebe, sondern auch der ursprüngliche Rahmen der Zurüstung in keiner Richtung überschritten würde. Fort auch mit allen Zeitungsankündigungen vorher und allen Reporterberichten hinterher! Nicht erleichtert, sondern so viel als irgend möglich erschwert sollte es werden, daß sich die Teilnahme von Zuschauern über den Kreis der ländlichen Bevölkerung der Umgebung hinaus ausdehnt! Sollten die Leute – was einstweilen wohl nicht zu befürchten wäre – über solchen Maßregeln, nachdem sie das Blut des Weltbeifalls und des Geldgewinnens geleckt haben, die Lust an der Sache verlieren, so wäre nichts verloren, wenn sie unterginge. Trägt sie die Lebenskraft nicht mehr in sich selbst, so ist sie wertlos geworden, und besser, sie stirbt, als daß sie lediglich als Gaumenkitzel für die Blasiertheit weiterlebt.

Es kann überhaupt keinen verhängnisvolleren Irrtum geben – mag er von Regierungsorganen oder von Gemeindebehörden oder von Vereinen „zur Hebung des Fremdenverkehrs" gehegt und gepflegt

Abb. 15. Haus als Beispiel für eine vernünftige neuzeitliche Bauweise, die ihre Verbindung mit der Vergangenheit nicht absichtlich lösen will

Abb. 16. Sterzing in Tirol

Abb. 17. Edel entwickelte Baumgruppe am Weg

Abb. 18. Feldeinteilung mit wohlerhaltenem Baumbestand am Hohen Neuffen (Schwäbische Alb)

werden – als den: der Bevölkerung abgelegener, wirklich oder vorgeblich verdienstarmer Gegenden durch Steigerung des Fremdenbesuchs aufhelfen zu wollen. Denn es gibt keine unsolidere Grundlage für die soziale Wohlfahrt als das Rechnen auf Fremdenverkehr. Nicht nur, daß die Fremden in die vorhandenen einfachen Zustände Elemente großstädtischer Verwöhnung und Verderbnis mitbringen, die gerade hier doppelt zersetzend wirken müssen, wo das Unbekannte imponiert: auch die Unsicherheit des Erwerbs, die Entwöhnung von eigentlicher Arbeit, als dem einzigen, worauf der Segen des materiellen wie des moralischen Gedeihens ruht, sind die gefährlichen Begleiter der veränderten Lebensform.

Als einst gefordert wurde, Preußen solle der Insel Helgoland die gefährdete Düne und damit das Seebad erhalten, schrieb eine Zeitung: „Es wären dann – nämlich wenn die Sturmfluten alle Bemühungen des Staates dennoch vergeblich machten – die Helgoländer gezwungen, zu dem Leben zurückzukehren, als sie früher geführt haben, als die von anderen Dingen als von dem Gelde der Fremden zu leben genötigt waren. Einst waren sie als Lotsen berühmt, fingen viele und vortreffliche Fische, und die Helgoländer Hummer kennt alle Welt. Aber jetzt gibt es dort längst keine Lotsen und Fischer mehr, und was sich dort so nennt, ist Karikatur, der Lotsenanzug mit Wasserstiefeln, Südwester usw. ist Maskerade, und der Helgoländer Hummer kommt ganz und gar nicht aus Helgoland, dessen ganze Bevölkerung einfach verfaulenzt ist. Denn sogenannte Arbeiten gibt es für sie eigentlich nur drei Monate im Jahr, vom 15. Juni bis zum 15. September, das heißt während der Badezeit, und dann besteht die Hauptarbeit im Geldeinnehmen."

Und für Helgoland ließe sich noch einwenden, daß es sich bei seinem Seebad um ein tatsächliches Heilmittel, um eine außergewöhnliche Gelegenheit zu körperlicher Kräftigung handle. Wo ähnliches vorliegt, namentlich also bei eigentlichen Heilquellen, muß ja selbstverständlich jeder Versuch, beschränken zu wollen, was die Natur der Sache fordert, als töricht und unangebracht zurückgewiesen werden. Aber was wollen die paar wirklich ernsten Kurorte sagen gegenüber der Legion von Modeschöpfungen an Luftkurorten, Sommerfrischen und ähnlichen, künstlich in Szene gesetzten Spekulationen, die zu nichts nütze sind, als eingebildete Modebedürfnisse zu befriedigen und die ländliche Bevölkerung in den Dunstkreis städtischer Anschauung und Lebensweise zu ziehen! Wer es an einem ausgeführten Gemälde erleben will, wie in solchen Fällen der gleisnerische Schein Schritt für Schritt dem Abgrunde näher und endlich in ihn hinein führt, der lese Roseggers Schilderung von der Prostituierung eines Alpentals in dem ergreifenden Buch „Das ewige Licht".

Kann man denn nicht Dinge und Menschen lassen, wo sie hingehören? Ist man über allen Verwöhnungen, die die Fortschritte der Technik der Menschheit gebracht haben, so weichlich geworden, daß man nichts Dringlicheres glaubt zu tun zu haben, als die ganze Welt, alle Lebenskreise ohne Unterschied mit diesen Danaergeschenken zu beglücken? daß man die alte Wahrheit ganz und gar vergessen hat: „Reich ist nicht, wer viel besitzt, sondern wer wenig begehrt?" Die Weisheit des Delphischen Apollo lautete: „Nichts zu viel!" Wir aber leiden an künstlich großgezogenen Bedürfnissen, am „Zuviel" in allen Dingen vom Größten bis zum Kleinsten. Ahnt man nirgends mehr die unausbleiblich nahende Nemesis, die jedem Zuviel, jeder Übersättigung folgen muß? Versteht man nicht mehr die Lehre der Geschichte, die den Untergang aller üppig und faul gewordenen Völker in so erschreckender Weise predigt? Wo aber soll sich Lebenskraft neu erzeugen, wenn nicht in dem Teil des Volkes, der fern von der nun einmal unvermeidlichen Überreizung und Entsittlichung der großen Städte in harter, aber gesund erhaltender Arbeit, ja in der Schule mancher Entbehrungen aufwächst und erstarkt?

Ein zeitgenössischer Schriftsteller sagt: „Wo sind bei allen Errungenschaften des Zeitgeistes, bei Eisenbahnen, Dampfschiffen, Maschinen, Telefonen und Telegrafen, Anilinfarben und Untersuchungen über Bazillen das Glück und der Friede der Menschheit? Nie waren die Menschen unglücklicher, blasierter, unzufriedener als unter dem allmächtigen Szepter des heutigen stolzen Zeitgeistes, der seine Gläubigen und Anbeter immer mehr in das Verlangen nach Besitz und Genuß hetzt und so das Elend und die Unzufriedenheit täglich steigert." Das ist so. Jeder Fortschritt in Wissen und äußerem Können, mit dem sittliches Wachsen nicht gleichen Schritt hält, bedeutet im Leben der Völker wie des einzelnen einen Rückgang. Erweitertes Stoffgebiet fordert höher entwickelte Willensmächte zu seiner Beherrschung. Fehlen sie, so durchbrechen die Elemente den Damm. Und dennoch: wir müssen uns mit jenen Dingen auseinandersetzen, denn wir vermögen die Welt nicht zurückzuschrauben. Und nicht nur das: wir müssen zugeben, daß die Gegenwart auf dem Gebiet, das nun einmal das ihre ist, Großes, Bewunderungswürdiges, ja vielfach Wohltätiges geleistet hat. Suchen wir also eine Vermittlung anzubahnen, indem wir unablässig bemüht sind, die Kräfte zu stärken, die ein Gegengewicht schaffen können gegen das Verderben, das die Kehrseite dieser Großtaten ausmacht. Nicht die neuen Erfindungen an sich sollen geschmäht werden, wohl aber die Torheit und Gier der Menschheit, die sich von ihnen beherrschen läßt, statt sie zu beherrschen, d.h. sich ihrer nur so weit zu bedienen, als es frommt.[23] Wenn in Amerika mit Recht landwirtschaftliche Maschinen angewandt werden, um ganze ehemalige Prärien, die zu Getreidewüsten umgewandelt sind, auf einen Schlag abzuernten, so ist das doch kein Grund, sie dem deutschen Bauer mit seinen paar Morgen Land anzupreisen. Er tut viel besser daran, die Leere mancher Stunde des langen Winters mit dem Ausdreschen seines Korns auszufüllen, wobei die Energie seiner Muskeln frisch erhalten wird, als vor Langeweile nach der nächsten Eisenbahnstation zu trotteln, um städtische Vergnügungen aufzusuchen. Der Takt der Drescher ist wohltönende Dorfmusik im Vergleich zu dem unaufhörlichen, nervenquälenden Heulen und Summen der Dampfdreschmaschinen, das heutzutage an Herbsttagen nicht nur den Nachbar plagt, sondern sogar den Wanderer stundenweit verfolgt, wenn er in die Hörweite solcher Ungetüme geraten ist.[24] Und so ließen sich tausend und abertausend Beispiele aus allen Lebensgebieten zusammentragen, die sämtlich bestätigen, daß wir Mißbrauch mit den technischen Errungenschaften der Neuzeit treiben, daß wir zu blinden Götzendienern der Materie, zu Sklaven der Genüsse und Bequemlichkeiten geworden sind, die sich heute zahllos darbieten.

Es ist keine erfreuliche Darstellung, die wir gegeben haben, aber sie entspricht der Wirklichkeit. Die Welt wird nicht nur häßlicher, künstlicher, amerikanisierter mit jedem Tag, sondern mit unserem Drängen und Jagen nach den Trugbildern vermeintlichen Glücks unterwühlen wir zugleich unablässig, immer weiter und weiter den Boden, der uns trägt. Die sinnliche Lust hat jemand den Leichnam der Liebe genannt, der Liebe, die den ganzen Menschen bis in die innersten Tiefen des Gemüts erfaßt, seine edelsten Kräfte beflügelt und ihn befähigt, das Höchste zu leisten, dessen Keime in seiner Natur schlummern. Gerade so verhält sich unser heutiger Materialismus zu der Begeisterung früherer Zeit. Er ist nichts, so strotzend er sich gebärdet, als das Zeichen beginnenden Absterbens. Unsere sinnlich gerichtete Über- und Afterkultur schlägt schließlich in Barbarei, in innere Verrohung um.

Das treueste Spiegelbild dieser Zustände finden wir in den verlebten und verzerrten Zügen unserer unaufhaltsam sinkenden, zum Geschäft herabgewürdigten Kunst. Daß Mensch und Künstler eins sein, daß das Schöne auch das Gute sein soll, wird als ein überwundener Aberglaube verlacht. Jemand charakterisiert die neueste Kunstrichtung mit den Worten: „Alles ist erlaubt, nur nicht das Schöne." Wie die Schönheit von den Banden des Stoffes löst und über das Gemeine hinaushebt, wie durch sie das Sinnliche geadelt wird, davon zeugen alle Meisterwerke des klassischen Altertums, dessen Skulptur ja das Sinnliche recht eigentlich zum Gegenstand hat, davon zeugen Rafael und Mozart mit seinem „Don Juan". Schiller bestätigt es mit den Worten: „Wahre Schönheit, wahre Anmut soll niemals Begierde erregen." Doch dies zu vermeiden, darum ist es unseren Modernen, die ja weit hinaus sind über Rafael, Mozart und Schiller, schwerlich zu tun. Mit der

Auflehnung gegen die Schönheit geben sie ihr volles Glaubensbekenntnis. Das Schöne richtet Schranken auf; es hat für die Kunst dieselbe Bedeutung wie auf dem Gebiet des Handelns das Sittliche. Darum ist es ihnen zur Last. Denn sie wollen nicht die Freiheit, von der Goethe sagt, daß nur das Gesetz sie geben könne: sie wollen Fessellosigkeit um jeden Preis, in jedem Sinn. Nun ist es ja eine bequeme Verdächtigung der Schönheit, wenn man sie einer zahmen konventionellen Glätte, einer Art von geistigem Rosenwasser gleichsetzt. Dem Abgestandenen wird natürlich kein Vernünftiger das Wort reden. Bisher jedoch hat man darunter dasjenige Etwas verstanden, das „das Wehen banger Erdgefühle schweigen macht", das „die Gruft zum Wolkenbette wandelt", eine Vollkommenheit, die die Seele befreit, indem sie ihr gleichsam die Verheißung ewiger Harmonie zuträgt, die jeden Zwiespalt überwinden muß. Wendet man diesen höchsten Zielen der Kunst verächtlich den Rücken, so ist nichts mehr verwunderlich. Es vollzieht sich die Zersetzung des Gemüts – der Grundkraft der menschlichen Persönlichkeit, aus der heraus jedes Kunstwerk geschaffen sein muß, wenn es den Anspruch auf Vollbürtigkeit erheben will – in Verstand und ungezügelte Sinnlichkeit. Nicht mehr um belebende Wärme handelt es sich, sondern um starre Eisregion oder versengende Gluthitze. Kaltes Berechnen des Effekts, kalte Virtuosität, mag es sich nun um Klavierfinger oder um Dirigentenstäbe, um Instrumentierungskunststücke oder um verblüffende Licht- und Farbenwirkungen handeln, und daneben als alles beherrschende Grundstimmung die der Übersättigung, wie sie wüstem Treiben auf dem Fuß folgen muß. Man bewegt sich auf der Grenze zwischen Rausch und Ekel, und diesen Zustand bezeichnet man mit „Jugend".

Was Gustav Freitag von der modernsten Literatur sagt, daß sie nur vom Standpunkt des Bedürfnisses aus, Aufsehen zu erregen, zu verstehen sei, gilt gerade so von der Musik und den bildenden Künsten. Die Requisiten aber dieser Spekulation auf die Masse sind gemeine Sinnlichkeit, soziale Aufreizung und Wühlen in der Darstellung häßlicher Wirklichkeiten, seien es nun verkrüppelte Menschenleiber oder fratzenhafte Seelenzustände. Am harmlosesten scheinbar, aber um so sicherer verderbend tragen die Operettenmelodien samt ihren Versen all das Gift der Entsittlichung in das Volk. Sie sind durch und durch mit Frivolität getränkt, und Leierkasten wie Karussells, beurlaubte Soldaten aus großstädtischen Garnisonen wie Sommerfrischler und Handlungsreisende sorgen dafür, daß bis in die fernsten Winkel hinein das echte, treuherzige, sinnige Volkslied durch sie verdrängt wird. Alle Bemühungen, das Volkslied in der Schule zu pflegen, sind ohnmächtig diesem Gegner gegenüber, der sich wie Ungeziefer in den Seelen festsetzt und einnistet. Ihm müssen die Lebensadern durchschnitten werden, wenn das Volkslied nicht ganz verstummen und absterben soll.

„In der altdeutschen Sage", sagt der Pfarrer Hansjakob, „ist der Baum, welcher alles erhält, die Weltesche. Geheiligte Jungfrauen, Nornen genannt, begießen sie mit Wasser aus der heiligen Quelle Urda. Diese Weltesche ist unser Volkstum, und die zwei Nornen, welche es begießen müssen, damit seine Wurzeln nicht verdorren, heißen Poesie und Religion. Beide werden in unseren Tagen an ihrer Arbeit gestört vom Zeitgeist und von der Kultur. Diese schütten ihr Giftwasser an die Wurzeln des Volkstums, und mehr und mehr will es darum absterben. Ist aber das Landvolk jenen beiden Genien entfremdet, sind beide verjagt, dann stürzt die Weltesche und wird unter ihren Trümmern alles begraben in der menschlichen Gesellschaft."

Zum Abschluß unserer Erörterungen mögen hier die Worte wiedergegeben werden, mit denen Schiller sich im Eingang seines Aufsatzes „Naive und sentimentalische Dichtung" über das Wesen unserer Empfindung für die Natur äußert. Er sagt:

„Es gibt Augenblicke in unserem Leben, wo wir der Natur in Pflanzen, Mineralien, Tieren, Landschaften sowie der menschlichen Natur in Kindern, in den Sitten des Landvolkes und der Urwelt, nicht weil sie unseren Sinnen wohltut, auch nicht weil sie unseren Verstand oder Geschmack befriedigt (von beidem kann oft das Gegenteil stattfinden), sondern bloß weil sie Natur ist, eine Art von Liebe und rührender Achtung widmen. Jeder feinere Mensch, dem es nicht ganz und gar an Empfindung fehlt, erfährt dieses, wenn er im Freien wandelt, wenn er auf dem Land lebt oder sich bei den Denkmälern der alten Zeiten verweilt, kurz, wenn er in künstlichen Verhältnissen und Situationen mit dem Anblick der einfältigen Natur überrascht wird. Dieses nicht selten zum Bedürfnis erhöhte Interesse ist es, was vielen unserer Liebhabereien für Blumen und Tiere, für einfache Gärten, für Spaziergänge, für das Land und seine Bewohner, für manche Produkte des fernen Altertums und dergleichen zum Grund liegt; vorausgesetzt, daß weder Affektation, noch sonst ein zufälliges Interesse dabei im Spiele sei . . ."

„Es sind nicht diese Gegenstände, es ist eine durch sie dargestellte Idee, was wir in ihnen lieben. Wir lieben in ihnen das stille, schaffende Leben, das ruhige Wirken aus sich selbst, das Dasein nach eigenen Gesetzen, die innere Notwendigkeit, die ewige Einheit mit sich selbst. Sie sind, was wir waren; sie sind, was wir wieder werden sollen. Wir waren Natur, wie sie, und unsere Kultur soll uns auf dem Weg der Vernunft und der Freiheit zur Natur zurückführen. Sie sind also zugleich Darstellung unserer verlorenen Kindheit, die uns ewig das Teuerste bleibt; daher sie uns mit einer gewissen Wehmut erfüllen. Zugleich sind sie Darstellungen unserer höchsten Vollendung im Ideal, daher sie uns in eine erhabene Rührung versetzen ..."

„Da sich dieses Interesse für Natur auf eine Idee gründet, so kann es sich nur in Gemütern zeigen, welche für Ideen empfänglich sind, d.h. in moralischen. Bei weitem die meisten Menschen affektieren es bloß, und die Allgemeinheit dieses sentimentalen Geschmacks zu unseren Zeiten, welcher sich, besonders seit der Erscheinung gewisser Schriften, in empfindsamen Reisen, dergleichen Gärten, Spaziergängen und anderen Liebhabereien dieser Art äußert, ist noch ganz und gar kein Beweis für die Allgemeinheit dieser Empfindungweise."

Der Gesichtspunkt, von dem Schiller hier ausgeht, ist der entscheidende: er betont die moralische Seite der Naturempfindung. Ohne sie wird das nur Ästhetische darin mehr und mehr entwertet; das Gefühl büßt dasjenige Element ein, das ihm recht eigentlich Tiefe und Adel verleiht; ja wir erleben es, wie dies ästhetische Genießen, wo ihm jener Hintergrund fehlt, allmählich bis zur völligen Verschwisterung mit dem rein materiellen herabsinkt.

Soll aber die Natur moralisch, d.h. reinigend und erhebend wirken, so muß sie vor allem selbst unentweihte, unverfälschte Natur geblieben sein. „Könnte man einer gemachten Blume", so heißt es an derselben Stelle bei Schiller, „den Schein der Natur mit der vollkommensten Täuschung geben, ... so würde die Entdeckung, daß es Nachahmung sei, das Gefühl, von dem die Rede ist, gänzlich vernichten."

Nichts ist charakteristischer für den Durchschnittsstandpunkt der heutigen Naturschwärmer, als daß man beispielsweise im Radautal einen großen künstlichen Wasserfall anlegt oder den Gießbach mit bengalischen Flammen beleuchtet. In diese Reihe gehören auch Dinge wie die Erbauung der sogenannten „Walpurgishalle" auf dem Hexentanzplatz im Harz samt allen dazu geplanten Festspielen und der verwandte Gedanke, auf einem Vorberge des Riesengebirges eine „Rübezahlburg", d.h. eine künstliche Ruine, zu errichten, deren bildnerische und malerische Ausschmückung die landschaftlichen Reize und den Sagenkreis des Riesengebirges verherrlichen soll. Nur auf dem Boden gänzlichen Verkennens dessen, was der Natur ihren Zauber und ihren Wert verleiht, können dergleichen Geschmacksverirrungen erwachsen.

Unzählbar sind heute die Vereine und Verbände, die um der wichtigsten wie um der nichtigsten Zwecke willen gegründet werden. Große Summen werden in dieser Weise aufgebracht, oft gewiß zum Heil der Menschheit, aber vielleicht ebenso oft, um in Geringfügigkeiten, in „Vereinsmeierei" verzettelt zu werden. Keine einzige Vereinigung aber würde in ihrer Bedeutung schwerer wiegen, ist dringender nötig als eine Zusammenscharung aller Gleichgesinnten, denen es darum zu tun ist, deutsches Volkstum ungeschwächt und unverdorben zu erhalten und, was davon unzertrennlich ist, die deutsche Heimat mit ihren Denkmälern und der Schönheit ihrer Natur vor weiterer Verunglimpfung zu schützen. Denn hier und nirgends anders liegen die Wurzeln unserer Kraft. Alle Poesie ist an die Erscheinungswelt gebunden; sie muß verkümmern, wo diese ihre Frische einbüßt und banalisiert wird. Fahren wir fort, so zu wirtschaften wie bisher, Schönheit, Ursprünglichkeit und Vergangenheit für nichts zu achten, so werden wir bald ein ausgelebtes Volk sein, dessen religiöses Empfinden samt allen übrigen Kräften des Gemüts verdorrt oder verflacht, das keines geistigen Aufschwunges mehr fähig ist, keinen Dichter, keinen großen Künstler, überhaupt keine wahrhaft schöpferische Persönlichkeit mehr hervorzubringen vermag, höchstens in leerer Scheingröße fortvegetiert. Ja noch mehr: wir arbeiten den Ideen eines heimatfremden Internationalismus mit unserer Gleichmacherei geradezu in die Hände. Es ist bezeichnend, daß die Vaterlandslosigkeit fast ausschließlich in den Fabrikbezirken großgezogen wird. Was gibt es auch an vaterländischen Gütern besonders zu schützen, wofür das Leben einzusetzen wäre, wenn jede Eigenart der Heimat in ihrem landschaftlichen und geschichtlich gewordenen Charakter, jede Volkstümlichkeit und Besonderheit in Wesen, Sitte und Erscheinung vertilgt wird? wenn dafür gesorgt wird, daß alle Keime schöpferischen Gestaltens, die einer gewissen Absonderung und Ruhe so gewiß zu ihrer Entwicklung bedürfen wie das Saatkorn der Stille des Erdenschoßes, verkümmern müssen? Die Mietkasernen, die Fabrikschornsteine, die Hotels und die Straßenbahnen sehen in dem modernen Rom geradeso aus wie in Berlin oder New York. Das Rennen und Hasten nach Reichtum und Wohlleben, die ganze Phrase der zivilisierten Gesellschaft in Tracht und Gewohnheiten ist dieselbe diesseits und jenseits des Ozeans. Wenn es weiter nichts mehr gibt auf der Welt als das, so ist die Frage erlaubt, warum man sich überhaupt noch bemüht, die Barriere aufrechtzuhalten, die ein Staat dem anderen gegenüber errichtet. Dann ist es doch das Klügste, den Vaterlandswahn abzuschütteln und die ungeheure Langeweile des Einerlei mit der Einführung des Volapük als Weltsprache zu besiegeln.

Hier zu retten, durch energischen Zusammenschluß, durch Aufrüttelung der Geister, namentlich auch der Jugend, durch rastloses Bemühen einen Umschwung der allgemeinen Stimmung herbeizuführen und so auch auf die Gesetzgebung Einfluß zu gewinnen, durch Aufbringung großer, bedeutender Geldmittel, mit deren Hilfe allmählich ein Nationalbesitz unveräußerlicher, unantastbarer Heiligtümer der Natur und der Geschichte erworben werden könnte – es wäre die vornehmste Aufgabe für alle, die nicht Parteiatome sind, sondern Menschen mit einem vollen Herzen für die wahre Größe und

Hoheit des Vaterlandes. Wer aber der Meinung sein sollte, daß man große Geldopfer für diese Dinge der Nation nicht zumuten dürfe, dem antworten wir, daß das deutsche Volk für Bier, Branntwein und Tabak, also für drei höchst fragwürdige Genußmittel, jährlich nicht weniger als drei Milliarden Mark ausgibt. Auf den Gewerbeausstellungen darf jetzt nach neuester Mode ein Alt-Berlin, ein Alt-Dresden, Alt-Leipzig, ein Thüringer Dörfchen usw. nicht fehlen. Was man erst ruiniert hat, baut man hier aus Gips und Pappe wieder auf, als Tummelplätze der Blasiertheit, und es fehlt nie an Geld für solchen Plunder. [25]

Denen aber, die in der redlichen Absicht, gottgefällig zu handeln, die einzig richtige Verwendung überflüssiger Kräfte und Gelder in der Erfüllung christlicher Liebesaufgaben, in Wohltätigkeitsbestrebungen jeder Art erblicken, mag die neutestamentliche Erzählung von dem Weib in Erinnerung gebracht werden, das das Haupt des Heilands mit „köstlichem Wasser" salben will und von den Jüngern zurückgewiesen wird mit den Worten: „Wozu dient dieser Unrat? Dieses Wasser hätte mögen teuer verkauft und den Armen gegeben werden." Die Antwort, die ihnen darauf von Jesus zuteil wird, sollte ein für allemal eine ähnlich beschränkte Auffassung, wie sie noch heute in sogenannten christlichen Kreisen zu Hause ist, zum Schweigen gebracht haben. Das hohe Recht, die hohe Aufgabe, mit einem Wort der Idealismus des Schönen und Lieblichen auf der Erde in seinem untrennbaren Zusammenhang mit dem religiösen und sittlichen Idealismus ist hier für alle Zeiten in einer Weise beglaubigt und besiegelt, wie sie schlichter und schlagender nicht gedacht werden kann.

Dem mehrfach erwähnten Pfarrer Hansjakob in Freiburg im Breisgau ist es gelungen, einen Verein zur Erhaltung der Volkstrachten ins Leben zu rufen, der offenbaren Erfolg aufzuweisen hat. Seine Schrift über diesen Gegenstand enthält eine Fülle beherzigenswerter Worte. Von der Volkstracht [26] aber zu den überkommenen Sitten, Gebräuchen und Festen des Volkes, ferner zur Volkskunst und namentlich zu volkstümlicher Bauart, deren Wiederbelebung die unerläßlichste Forderung ist [27], wenn von der Eigenart deutschen Landes überhaupt noch die Rede sein soll, ist nur ein Schritt. Es muß dankbar anerkannt werden, daß es im Lauf der letzten Jahre nicht an mannigfachen Versuchen gefehlt hat, nach allen diesen Richtungen hin anregend zu wirken. Leider schießt man nur an vielen Stellen über das Ziel hinaus und schwächt den Erfolg, indem man zu vielerlei und teilweise Unmögliches anstrebt. Man übersieht vor allem, daß zu unterscheiden ist zwischen der Kunst als solcher und der angewandten Kunst. Der ersteren auf dem Weg von Vereinstätigkeit beikommen zu wollen, ist ein völlig utopischer Gedanke. Die redenden Künste, Poesie und

Abb. 19. Feldlandschaft im Vorlande Thüringens

Abb. 20. Ländliche Gasse mit Giebelhäusern
(Wildberg a.d. Nagold)

Abb. 21. Niedersächsische Fachwerkhäuser in Duderstadt

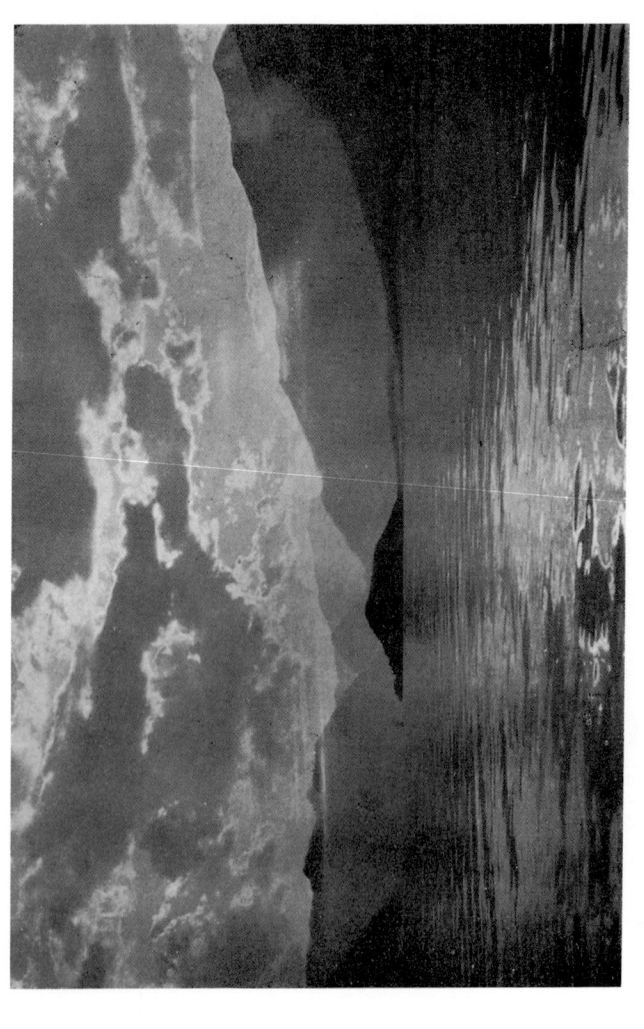

Abb. 22. Berge, Wasser und Himmel. Landschaft ohne Spuren des Menschen

Abb. 23. Der Monte Pellegrino bei Palermo als Beispiel für eine sehr gesteigerte Mittelmeerlandschaft

Abb. 24. Klingenberg am Main (Fränkische Kleinstadtreste)

Abb. 25. Rheinisches Städtebild (Trier)

Abb. 26. Wildberg a.d. Nagold

Musik, und ebenso die bildenden, soweit sie nicht praktischen Zwecken dienen, bleiben in ihrer Entwicklung allen derartigen wohlmeinenden Absichten durchaus unerreichbar. Freilich steht ihr Blühen und Verfallen mittelbar in engster Wechselwirkung zu den Zuständen der Allgemeinheit; im unmittelbaren Sinne aber ist beides gebunden an die Wesensart und den Einfluß hervorragender künstlerischer Einzelpersönlichkeiten, deren Schaffen nur dem Gebot ihrer eigenen innersten Natur folgen kann.

Ein zweiter verhängnisvoller Irrtum liegt auf anderer Seite. Nicht damit dient man dem Volk, daß man es mit belehrenden Vorträgen, mit halbbegriffenem Bildungsstoff und städtischen Genüssen füttert, um über Gott und die Welt mitschwatzen zu können, sondern damit, daß man es dahin zu führen sucht, am eigenen Tun wieder Freude zu haben, und zwar vor allem am eigenen und eigenartigen Hervorbringen des Schönen. Auf keinem Gebiet springt der Wert einer solchen Selbstbetätigung des Kunstsinnes mehr in die Augen als auf dem des Bauens. Das Haus vor allem muß wieder Ausdruck persönlichen Lebens werden.[28] Daß für die Neubelebung und Förderung volkstümlicher Bauweise die Erhaltung des noch vorhandenen Bestandes an alten Bauten Vorbedingung ist, versteht sich von selbst. Und zwar wäre nicht nur das einzelne Gebäude zu schützen, sondern zugleich Sorge zu tragen, daß Entstellung durch unpassende Nachbarschaft oder Zutat, wie etwa unmäßige Reklameschilder, übergroße Schaufenster und dergleichen vermieden werde. In Nürnberg, Rothenburg o.d.T., Hildesheim sind Bauordnungen erlassen, die für die altertümlichen Teile der Stadt keinen Neubau oder Umbau mehr gestatten, der nicht in Material, Farbe, Dimensionen und Charakter durchaus der Umgebung angepaßt wäre. So müßte in allen Städten verfahren werden.[29] Auf dem Lande aber wären nicht nur bestimmte Teile einer Dorfschaft in dieser Weise zu schützen, sondern es müßte überhaupt ausgeschlossen sein, anders als in dem überkommenen, der Landschaft eigentümlichen Stile neu zu bauen oder Vorhandenes umzugestalten. Zu diesem Zweck müßten vor allem, wie es auch vielfach schon geschehen ist, in allen deutschen Gegenden die bedeutendsten alten Bauten, Wohnhäuser, Wirtschaftsgebäude usw. genau aufgenommen werden.[30] Das Unternehmen „Das deutsche Bauernhaus im deutschen Reiche und in seinen Grenzgebieten, herausgegeben vom Verband deutscher Architekten- und Ingenieur-Vereine", verspricht die Aufgabe einer Aufnahme des Vorhandenen auf das beste zu lösen.[31] Doch dies ist freilich nur der erste Schritt, dem andere folgen müssen, um einen praktischen Erfolg, eine Neubelebung der volkstümlichen Bauart zu erreichen. – In ähnlicher Weise zu empfehlen sind vor allem die ausgezeichneten Bücher von Paul Schultze-Naumburg „Kulturarbeiten". [32]

Es müßten auch Pläne ausgearbeitet werden, die auf Grund solchen Materials das für jede Landschaft Charakteristische für Neubauten in Anwendung brächten, unter Berücksichtigung zugleich von angemessenen praktischen Einrichtungen, wie sie die Gegenwart erfunden hat. Sodann wären in den verschiedenen Landschaften den ländlichen Maurermeistern Preise auszusetzen, die die Aufgabe, im Anschluß an jene Muster ein durchaus volkstümliches, den hergebrachten Charakter bewahrendes Haus zu bauen, am vollkommensten gelöst hätten. Auch könnte man unter Umständen einem minder bemittelten Bauherrn eine Beihilfe gewähren, wenn er sich verpflichtet, einen Musterbau in dem angedeuteten Sinn ausführen zu lassen. In die Entwicklung der ländlichen Bauweise, die bis in die Mitte des 19. Jahrhunderts etwa eine natürliche und stetige war, hat das Jahr 1848, das den massenhaften Abtrieb der Wälder, namentlich der Eichenwälder einleitete, durch die damit eintretende Verteuerung des Bauholzes den ersten großen Riß gebracht. Der Fachwerkbau wurde kostspieliger. Die gleichzeitig sich anbahnenden ungeheuren Umwälzungen auf dem Gebiet der Technik halfen die Zerstörung vollenden. Das Emporkommen und die immer schrankenlosere Ausbreitung des Fabrikwesens mit seinen jede andere Rücksicht außer der des materiellen Nutzens verleugnenden Bauten mußte naturgemäß eine bis dahin unerhörte Häßlichkeit des Stils allerorten einbürgern, die nicht ohne Einfluß auf ihre Umgebung bleiben konnte. Was heute auf dem Land gebaut wird, ist nicht Fortentwicklung von bis dahin Gewordenem, sondern völliges Brechen mit dem Hergebrachten und ungeschicktes Herumtasten in neuen Anfängen. Kein Wunder, daß man sich nicht besser zu helfen weiß, als bei der herrschenden Stadtmode in die Lehre zu gehen und die übelsten Vorbilder sklavisch nachzuahmen. Wenn der Volksinstinkt in seiner pflanzenartig still fortschreitenden Tätigkeit einmal gewaltsam gestört worden ist, so muß ihm von außen geholfen werden, damit er sich wieder in gesunde Bahnen hineinfinde. Deshalb eben müssen einsichtige Architekten die abgerissenen Fäden wieder aufnehmen und, an das bewährte Alte anknüpfend, gutes Neues hinzunehmend, der ländlichen Bauweise frisches Leben zuführen. Es sei hier besonders auf die vortrefflichen Schriften von O. Gruner (Regierungsbaumeister in Dresden) über volkstümliche Bauart hingewiesen, die u.a. auch dartun, in wie verhängnisvoller Weise die Vorschriften der Baupolizei auf den Niedergang des Volksbauwesens hingewirkt haben, indem sie – von durchaus einseitigen Gesichtspunkten – durch Verbote und Gebote jede freie Bewegung hemmen, alle frische Lebensäußerung des Volksgeistes auf diesem Gebiet ersticken.[33]

Über das große Gebiet, das den Schutz der landschaftlichen Natur in sich begreift, und alle hier anzustrebenden Ziele ist im Vorausgehenden so ausführlich gesprochen worden, daß auf die unzähligen Formen der Schädigung, denen hier entgegenzuarbeiten ist, nicht aufs neue hingewiesen zu werden braucht. Nur zwei Vorschläge seien noch gemacht. In Amerika, dem Land der vollkommensten Nüchternheit, hat man es fertiggebracht, mehrere große Gebiete zu „Nationalparks" zu erklären und damit vor jeder Verunglimpfung durch Fabriken oder sonstige spekulative Unternehmungen ein für alle Mal zu schützen. Diesem Beispiel sollte man bei uns – wenn auch nicht buchstäblich – folgen. Nicht ein einzelnes Gebirge wäre herauszugreifen, das man vor Schornsteinqualm bewahrte, damit die „Nation" unbelästigt darin spazieren laufen kann, sondern überall in deutschen Landen müßten irgendwie landschaftlich bedeutsame Gebiete, Stellen größeren und kleineren Umfangs, von Staats wegen nicht als „Nationalparks", aber als Heiligtümer des Volkes bezeichnet und so vor Entweihung ihrer Ursprünglichkeit geschützt werden, ganz gleich, ob diese Gebiete und Stellen von vielen gepriesen oder von niemandem gekannt sind als von ein paar Leuten, die gerade in ihrer Nähe wohnen. Auch ein alter Waldbestand, ein einzelner Bau, eine Wiese, ein Wasserlauf, eine Felspartie wäre in dieser Weise für unverletzlich zu erklären. Endlich könnte der Schutz seltener Pflanzen- und Tiergattungen sich hier am passendsten anschließen. [34]

Der zweite Vorschlag betrifft die Frage, wie man den Schädigungen, die die Verkoppelungen und Gemeinheitsteilungen der Landschaft zuzufügen pflegen, entgegentreten könnte. Man sollte, so lange die heutigen beklagenswerten gesetzlichen Bestimmungen darüber noch bestehen, wenigstens verlangen, daß eine Instanz geschaffen würde, die, ehe ein Verkoppelungsplan genehmigt wird, das in Aussicht genommene Verfahren auch vom historischen und ästhetischen Standpunkt aus zu prüfen hätte. Für die Kontrolle der rein praktischen Seite der Sache bestehen zur Zeit Kommissionen. Ihnen müßten ein paar Persönlichkeiten von geschichtlichem Verständnis und tieferer Geschmacksbildung beigegeben werden, die in entsprechender Weise ihr Veto einzulegen und Abänderungen zu bewirken imstande wären. – An welcher Stelle im übrigen diese oder jene im Lauf der Erörterung berührte Einzelheit in das Arbeitsprogramm des Vereins „Heimatschutz" einzureihen wäre, ergibt sich von selbst.

Die Sibylle bot, wie die Sage berichtet, den Schatz ihrer zwölf Weisheitsbücher den Römern anfangs für ein Geringes an und wurde abschlägig beschieden. Als sie dann ein Buch nach dem anderen ins Feuer geworfen und jedesmal für den Rest den doppelten Preis vergeblich gefordert hatte, kaufte man endlich das letzte für eine ungeheure Summe. Vor fünfzig

Jahren war noch unendlich vieles, dessen unwiederbringlichen Verlust wir heute beklagen, um den Preis eines Entschlusses zu haben, der verhältnismäßig geringe Opfer materieller Entsagung gekostet hätte. Heute stehen wir vor dem zwölften Buch. Wehe uns, wenn es uns an Mut gebrechen sollte, seinem Untergang zu wehren und den geforderten Einsatz zu zahlen! – Hoffnung läßt nicht zu Schanden werden.

Wenn in Sevilla dasselbe empfunden wird, was in diesen Zeilen auszudrücken versucht wurde, so darf man Hoffnung schöpfen, daß es endlich überall unter den Schläfrigen wach und lebendig werden müßte. Ist aber erst das volle Bewußtsein davon vorhanden, was in unseren Tagen auf dem Spiel steht, so wird auch der unbeugsame Wille nicht fehlen, den Verwüstungen des modernen Nivellierungssystems um jeden Preis Einhalt zu tun.

Anhang

Die Schrift „Heimatschutz" erschien zuerst in den „Grenzboten" im Sommer 1897. Einige Wochen später nahm dieselbe Zeitschrift einen Aufsatz von anderer Seite auf, der den Verfasser veranlaßte, nochmals das Wort zu ergreifen.

Widerspruch kann niemals ausbleiben, wo herrschende Mißstände aufgedeckt werden. Bei der Veröffentlichung meiner Schrift „Heimatschutz", die den Tagesanschauungen in vieler Hinsicht ins Gesicht schlägt, war ich von vornherein auf solchen Widerspruch gefaßt und muß dankbar sein, wenn ihm die nachdrückliche Zustimmung, die ich von verschiedenen und namhaften Seiten erfahre, die Waage hält. Wo Meinung gegen Meinung steht, pflegt Verständigung ausgeschlossen zu sein, und man wird in den meisten Fällen am besten schweigen, weil die Antwort auf die Entgegnung schon in dem ursprünglich Gesagten gegeben ist.

Vor allem muß ich der Voraussetzung entgegentreten, daß ich als ästhetisierender Städter und gelegentlicher Vergnügungsreisender urteilte. Ich bin vielmehr auf dem Lande auf ererbtem Sattelhof ansässig, habe die Verkoppelung und Gemeinheitsteilung in meiner eigenen Heimat, am eigenen Besitz, ja unter tätiger Teilnahme an den Beratungen, die vorausgingen, erlebt und habe nicht nur hier, sondern auch anderwärts reichlich Gelegenheit gehabt, diese Vorgänge samt ihren Folgen zu beobachten. Wenn ich also auch nicht mit dem Pflug in der Hand persönlich wirtschafte und gewirtschaftet habe, so glaube ich doch aus meiner Mittelstellung heraus ein unparteiischeres Urteil für mich beanspruchen zu dürfen als jemand, den sein Lebensberuf zum natürlichen Vertreter jener landwirtschaftlichen Maßregeln macht.

Wenn man die mir vorgehaltenen Schilderungen verkoppelter und unverkoppelter Feldmarken liest, so sollte man fast meinen, dort sei das Paradies, hier Elend und Verderben. Es ist ja wahr, daß die Aufforstung des Hainberges bei Göttingen den Bewohnern der Stadt schöne, leicht zu erreichende Spazierwege geschaffen und so eine Art von Ersatz gegeben hat für die Zerstörung des Landschaftsbildes im ganzen, die auch hier als Folge der Verkoppelung von alten Göttingern schmerzlich empfunden und tief beklagt wird. Mildtätigkeit ist auch eine schöne Sache, wo sie nötig geworden ist; aber natürlich geordnete, wenn auch bescheidene Verhältnisse sind doch besser. Es ist ferner wahr, daß man bei der bevorstehenden Verkoppelung der Feldmark Hameln in ungewöhnlicher Weise schonend vorzugehen und die sonst übliche geradlinig starre Mathematik der Wegenetzanlage zu durchbrechen entschlossen ist. Den Bemühungen einsichtiger, feinsinniger Männer ist es zu danken, daß hier die vorspringenden Waldecken erhalten bleiben und in

Bogenlinien geschwungene Fahrwege, von Baumalleen eingefaßt, durch die Flur geführt werden sollen. Auch das wird andererseits niemand in Abrede stellen, daß es vielfach von altersher bedenkliche Hohlwege zwischen Feldern und Wäldern gegeben hat, die dringend einer Aufbesserung oder auch eines Ersatzes durch bequemere, offene Fahrwege bedurften, feuchte Striche, die ebenso dringend nach einer Entwässerungsanlage seufzten. Nur reichen alle solche Einzelheiten nicht hin, eine allgemeine Gewaltmaßregel, wie es die Verkoppelung ist, zu rechtfertigen, von deren tatsächlichen Folgen man sich daraufhin eine durchaus unzutreffende Vorstellung machen müßte.

Aus meiner eigenen Erfahrung greife ich einiges heraus, das zeigen mag, was die kahle Theorie, das „rationelle Prinzip" lediglich an praktischen Torheiten zuwege bringt, wenn es, wie ich mich – ich glaube mit vollstem Recht – ausgedrückt habe, der Natur rücksichtslos aufgezwängt wird. Man rühmt die Geradelegung der Bäche unterhalb der Dörfer, die Abhilfe von allen möglichen Übeln bringe, unter anderem auch von Krankheiten. In meiner Heimat ist auch der Bach unterhalb des Dorfes geradegelegt worden. Er konnte seinen gewundenen Lauf nach wie vor durch eine mir gehörende Wiese nehmen, wurde aber trotz meines Einspruchs in gerader Linie durch tiefes Ackerland geführt. Jetzt nach Jahren ist die Unterwühlung des

Bodens so weit gediehen, daß mit großen Kosten Vorkehrungen getroffen werden müssen, um die weitere Abschwemmung des Ackers wenigstens vorläufig, wenn auch ohne Aussicht auf dauernden Erfolg, zu verhindern. Von einem Abnehmen der Krankheiten aber ist nichts zu spüren.

Man hält mir ferner entgegen, die Waldspitzen würden nicht ohne triftigen Grund abgeschnitten, und man versichert, sie seien dem Landmann ein Greuel, und der Forstmann hasse sie nicht minder. Bei der Verkoppelung in meiner Heimat war das Abschneiden der sämtlichen Waldspitzen im Plan vorgesehen und die Forstgrenze demgemäß tatsächlich festgesetzt. Um jene zu retten, erwarb ich durch Tausch die zwischenliegenden Wiesen und durfte infolgedessen die Zuweisung der Waldspitzen selbst im Verkoppelungsverfahren beanspruchen. Dann erhielt ich mit Mühe die Erlaubnis, das Holz auf dem Stamm, d.h. ungeschlagen, zu kaufen, und so stehen die Bäume noch heute als der schönste landschaftliche Schmuck des anmutigen Talgrundes. Die einspringenden Wiesen geben mit Ausnahme eines verschwindend kleinen Flecks, den ich aufforsten lassen werde, sehr guten Ertrag, da sie tieferen Boden haben, während der Wald auf steinigen Erhebungen steht, in die der Berg ausläuft. Ein erfahrener Forstmann aber äußerte noch vor kurzem, daß es kaum zu glauben sei, wie man jemals habe daran denken können, diese Waldspitzen aufzuforsten, wo es sich um nichts handele als um Waldboden in des Wortes eigentlichster Bedeutung. Und so könnte ich noch vieles anführen: zum Beispiel einen breiten Holzabfuhrweg, den man neben und über einem der geschmähten, außer Kurs gesetzten Hohlwege mitten durch schweren, nassen Wiesenboden gelegt hat, der infolgedessen nie trocken wird, mit seinen tiefen, wassergefüllten Furchen kaum zu befahren, geschweige denn zu begehen ist (während der Hohlweg vortrefflich festen, felsigen Grund hat) und dessen aufgeschichtete Böschung bei jedem stärkeren Regenguß durchbrochen wird, so daß die sich unterhalb anschließende Wiese beständig unter Überschwemmung mit allerlei Geröll leidet.

Wenn aber nirgends eine Kurve, sondern überall ein rechter oder stumpfer Winkel dafür gesetzt wird, den Wege und Wasserläufe beschreiben müssen, mögen die Bodenverhältnisse auch noch so gebieterisch auf eine Bogenlinie hinweisen, so ist die Frage erlaubt, ob etwa auch hier der landwirtschaftliche Nutzen und nicht vielmehr die Rücksicht auf das bequemere Rechenexempel des Feldmessers den Ausschlag gibt. Denn es ist doch klar, daß, wenn man einmal peinlich sparen will, bei einer Kurve mehr nutzbares Land gewonnen wird als bei einem über sie hinausgreifenden Winkel. Daß aber auch ausreichende Grenzbesteinungen bei einer Kurve möglich sind, dafür liefern zum Beispiel Forstgrenzen zahlreiche Belege.

Endlich: Sind es nicht auch praktische Nachteile, wenn mit den Hecken und den einzelnen Büschen und Bäumen, die die Verkoppelung sämtlich beseitigt, der Windschutz im freien Feld und die Brutstätten der Singvögel verschwinden, die das Ungeziefer vertilgen helfen? Oder ist es gleichgültig, ob die Gemeinheitsteilung zur Stallfütterung und damit zu Perlsucht der Kühe, zu ungesundem Fleisch und ungesunder Milch führt?

Was aber hier erzählt oder berührt wurde, steht nicht vereinzelt da, es wiederholt sich in dieser oder jener Weise überall und muß sich wiederholen, weil es als natürliche Folge in dem Schematismus des Verfahrens an und für sich begründet ist.

Doch zur Hauptsache. Man kann nicht alles an einer Stelle sagen. Bei einer früheren Gelegenheit habe ich ausdrücklich hervorgehoben, daß unbestreitbar gewisse wirtschaftliche Vorteile mit den Verkoppelungen und Gemeinheitsteilungen verbunden sind, und niemals ist es mir eingefallen, das in Abrede zu stellen. Sie bestehen vor allem in Bodenentwässerung und darin, daß zusammenhängende Landflächen besser zu bewirtschaften sind als zerstückelte. Wie sollte es auch anders sein? Aber diesen realen Vorteilen stehen, auch in rein praktischem Sinn genommen, zahllose Fehlgriffe gegenüber, und ohne Frage ist die Behauptung in hohem Maße übertrieben, daß der Bauernstand den Verkoppelungen das glückliche Überstehen aller Krisen des Jahrhunderts verdanke. Denn der süddeutsche Bauer, um kleinere unverkoppelte Landesteile nicht zu erwähnen, ist ohne Verkoppelung bisher auch nicht zugrunde gegangen; und in Hannover, Braunschweig, Thüringen ist sie doch erst seit den letzten vier Jahrzehnten recht eigentlich in Schwung gekommen. Immerhin: irgend etwas Gutes muß eine Sache doch aufzuweisen haben, wenn ihre Verbreitung im Laufe der Jahre so bedeutend geworden ist.

Aber darum handelt es sich ja gar nicht, sondern vielmehr darum, in welchem Verhältnis der praktische Gewinn dieses Vorgehens zu dem idealen Verlust steht, der überall sein trauriger Begleiter ist. Von nichts anderem spricht meine Schrift „Heimatschutz" als von dem Überwuchern materialistischer Gesinnung, die dem Nutzen, dem Geldgewinn gegenüber alle Güter des Gemüts und des Geistes für nichts achtet und das Gefühl für das, was wir in dem Wort „Heimat" zusammenfassen, vernichten will. Eine der verschiedenen Gestalten, unter denen das zur Erscheinung kommt, ist der rücksichtslose Realismus auf land- und forstwirtschaftlichem Gebiet.

Wenn mir entgegnet wird, es lohne sich nicht, den Touristen zuliebe eine Waldwiese zu erhalten, da noch nicht fünf vom Hundert wirklichen Natursinn hätten, so bin ich freilich derselben Meinung. Ich glaube, mich über die Wertlosigkeit dieser Art von angeblicher Naturverehrung so stark ausgesprochen zu haben, daß ich jenen Einwand hier kaum verstehe. Umgekehrt kann ich es nur ganz natürlich finden, wenn, wie erwähnt wird, „der Vorsitzende einer Generalversammlung hannoverscher Touristenvereine mit seinen Bemühungen, die Feldmark Hameln vor der Verkoppelung zu bewahren, in der Touristenversammlung unverstanden geblieben ist". Ja, es ist kein Wunder, wenn der großstädtische Durchschnittsreisende, der im Schnellzug das Land durchsaust, um irgendeine offizielle Sommerfrische zu erreichen, von den Wunden, die die Verkoppelungen und Gemeinheitsteilungen der Landschaft schlagen, überhaupt kaum etwas gewahr wird. Jedenfalls vermag er sie sich nicht zu erklären. Nur wer auf dem Land groß geworden ist, hat dafür das volle Verständnis. Ich erinnere an die Verse von Hoffmann von Fallersleben, die ich in meiner Schrift angeführt habe, in denen der Dichter über die Verödung klagt, die diese Maßregeln über die Fluren seiner ländlichen Heimat gebracht haben. Es wird mir zwar entgegengehalten, der Bauer würde „vor Erstaunen sprachlos sein", wenn man ihm sein Bedauern ausdrücken wollte über poetische Einbußen, die die Landschaft bei der Verkoppelung erlitten habe. Das hat den Schein der Wahrheit für sich. Es gibt der hartgesottenen Realisten unter den Bauern ohne Frage die Hülle und Fülle (wie übrigens in allen anderen Ständen ebenso, wo sie sich nur etwas schamloser gebärden); und auch das ist gewiß, daß selbst dem Andersfühlenden das Poetische in ihm kaum zum Bewußtsein kommt. Das hindert aber nicht, daß es vorhanden ist. Der Baum, unter dem man über Mittag Schatten gefunden, der Haselnußstrauch in der Hecke, den man als Knabe geplündert hat, und die tausend anderen kleinen Züge der Landschaft, die ihre geheimen Reize bilden, sind mit unseren Erinnerungen, unserem Fühlen und Denken verflochten, mehr als wir uns davon Rechenschaft geben oder es gar aussprechen. Aber wenn die Feldmark völlig kahl, das Landbauen völlig zum nackten Geschäft geworden, der Acker zur Ware erniedrigt ist, dann dürfte es sich doch zeigen, daß auch in dem Herzen des Landmanns etwas vorhanden war, das ersterben mußte, weil es keine Nahrung mehr fand. Man klagt darüber, daß sich die Seßhaftigkeit des Landvolks immer mehr lockere. Neben anderen schwerer wiegenden Gründen und neben der Aufhebung unveräußerlicher Besitzverhältnisse, wie sie durch Gemeinheitsteilung und Forstabfindung bewirkt wird, darf man ohne Zweifel auch die Reizlosigkeit der rationell umgemodelten Natur dafür zur Verantwortung ziehen. Wäre es nicht so, so würden nicht Männer wie Rosegger und Hansjakob, die beide als Gebirgsbauernsöhne auf die Welt gekommen sind, über die Poesie, die im Landvolk steckt, so sprechen, wie sie es tun. Das Heimweh des schweizerischen Sennbuben nach seinen Bergen ist sprichwörtlich; scheinbar entgegengesetzt und doch demselben Grund der Naturempfindung entstammend ist die Sehnsucht des Halligbewohners nach der schwermütig großen Meereseinsamkeit seiner Heimatinsel. Und wenn Kügelgen in seinen Jugenderinnerungen von einer braven estnischen Dienstmagd berichtet, die mit seiner Familie von Estland nach Dresden übergesiedelt war, schließlich aber trotz aller Annehmlichkeiten, trotz aller Güte und Freundlichkeit, die sie dort erfuhr, und obwohl ihre sämtlichen Angehörigen in der Heimat gestorben waren, dennoch vom „Bohrwurm ihres Heimwehs" getrieben, nach dem „wilden, unfruchtbaren, abgelegenen" Land ihrer Jugend zurückkehrte, so beweist der spöttelnde Ton, in dem er das vorträgt, nur, daß in der Bauernmagd ein tieferes, innigeres Heimatgefühl steckte als in dem gebildeten Allerweltsstädter, der das Empfindungsleben des Landvolkes zu verstehen verlernt hatte.

Das Landvolk im weiteren Sinne begreift freilich außer den Bauern auch noch andere Leute: Geistliche, Lehrer, Beamte, Handwerker in sich – wenn auch leider der moderne Staat, wie beispielsweise durch die Aufhebung der Ämterverfassung in Hannover, genug dafür sorgt, daß die kleinen gesellschaftlichen Mittelpunkte auf dem Land mehr und mehr verschwinden. Aber der Bauer, der Landmann selbst bleibt doch der eigentliche Träger urwüchsiger Kraft, und solange die Welt steht, sind die ersten Dichter und Künstler, die ersten Männer der

Wissenschaft, die durch ihre Geistestaten ihrem Volk seinen Platz in der Geschichte für alle Ewigkeit angewiesen haben, aus diesem Urgrund der Volkskraft aufgestiegen. Glaubt man wirklich, daß der Nachwuchs unter keinen Umständen ausbleiben werde? So gewiß wie Buchen und Eichen nicht in Blumentöpfen gedeihen, so gewiß wird Poesie niemals auf dem Boden einer verkleinlichten, entwürdigten Natur aufsprießen.

Also nicht um der Touristen und der Bauern als solcher willen, sondern zum Besten der Menschen, zum Besten des ganzen Volkes bleibt es eine Pflicht, die Heimat nach Möglichkeit in ungebrochener Frische und Schönheit zu erhalten. Es ist ja nicht die Rede davon, daß jede Bachkrümmung, jede Waldwiese, jeder malerische alte Weg um jeden Preis unversehrt bleiben müßte, sondern davon, daß man keine Verordnungen geben sollte, die dahin führen, daß von allen diesen Dingen bald überhaupt nichts mehr zu finden sein wird, daß Schönheit und Poesie völlig zwecklos oder um eines geringfügigen materiellen Vorteils willen hingeopfert werden. Eine tiefer blickende Staatsweisheit würde sich nicht bei einem schablonenhaften Verfahren beruhigen, das wie das heute beliebte – von einseitigem materiellen Gesichtspunkt ausgehend – die Erde so zuschneidet, wie es vom grünen Tisch aus gesehen das Passendste zu sein scheint. Sie würde vielmehr nicht rasten, bis eine Form gefunden wäre, die es ermöglichte, die wirklich wünschenswerten landwirtschaftlichen Verbesserungen den bäuerlichen Gemeinden zuzuführen, ohne daß darüber die natürliche Anmut der Landschaft preisgegeben werden müßte. Von Fall zu Fall müßte operiert werden, nicht nach abstrakter Theorie. Daß dies schwieriger durchzuführen sein würde, als alles über einen Kamm zu scheren, versteht sich von selbst. Aber es würde sich lohnen.

Ich schließe mit den Worten, die ein ausgezeichneter Mann nach Veröffentlichung des „Heimatschutzes" an mich richtete: „Sie haben den Zeitgenossen einen Spiegel vorgehalten und den Schaden aufgedeckt, der unausbleiblich als eine geistige Verarmung und als ein Ersterben des Sinnes für die Schönheit der Schöpfung Gottes eintritt, wenn Nutzen und Gewinn und sinnlicher Genuß die stärksten Motive sind für die menschliche Tatkraft."

Anmerkungen

Wenngleich bereits die Einführungsworte von Professor Dr. Schultze-Naumburg den Unterschied zwischen der Rudorffschen Zeit und der heutigen aufs klarste kennzeichnen und die Notwendigkeit begründen, dem Leser diesen Unterschied wenigstens in einigen wichtigen Einzelheiten nahezubringen, so möchten wir den neuen Anmerkungen der Schriftleitung, die nach der Folge des Buchtextes sich mit denen von Rudorff mischen, doch noch das Folgende voranschicken:

Rudorffs allgemeine Stellungnahme, die zunächst einer Abwehr feindlicher Mächte gleichkommt, ergab sich mit zwingender Notwendigkeit aus den damaligen Verhältnissen. Dienten doch zu jener Zeit die maßgebenden Vertreter vieler Wirtschaftskreise den Aufgaben einer sich überstürzenden Entwicklung fast ausnahmslos, ohne auch nur einen Blick auf Heimatwerte zu werfen, über die sie ohne Zögern hinwegschritten. Daß sich hieraus und unter dem Druck eines kulturwidrigen Materialismus zunächst unüberbrückbare Gegensätze der Ansichten ergaben, liegt auf der Hand.

Heute aber dürfen wir dankbar feststellen, daß sich die großen Gesichtspunkte einer umfassenden, auch die tieferen Werte berücksichtigenden Volkswirtschaft mehr und mehr, und nicht zuletzt bei Führern der Industrie und Technik Geltung verschaffen. Somit drängt die Zeit nunmehr den Heimatschutz, nach Kräften seinerseits Brücken dort hinüber zu schlagen und auch an seinem Teil mitzuarbeiten an der Umgestaltung der Heimat durch mancherlei einschneidende Wirtschaftsmaßnahmen der Gegenwart. Derartige Unternehmungen, die für große Teile oder die Gesamtheit des Volkes von unabweisbarer, ja manchmal geradezu lebensbedingender Bedeutung sind, bedürfen der verständnisvollen Zusammenarbeit der um das Bild der Heimat einerseits und um nüchtern praktische Dinge andererseits besorgten Kräfte.

Es ist der Zweck unserer neuen Anmerkungen, die Tatsachen, die sich hieraus ergeben, wenigstens an einigen wichtigen, am leichtesten zu Mißverständnissen führenden Punkten denen nahezubringen, die der Heimatschutzbewegung noch fernstehen und die sonst den Eindruck gewinnen könnten, als ob sowohl Rudorff wie auch die heutigen Führer des Heimatschutzes von einer falschen Romantik geleitet wären. Dabei können Fragen von größter Bedeutung, die in die verschiedensten anderen Gebiete hineinspielen und denen zum Teil eine ganze Fachliteratur gewidmet ist, nur angedeutet werden. In diesem Sinn wollen unter den nachfolgenden Anmerkungen die neuen Zusätze der Schriftleitung verstanden sein.

R = Anmerkungen von Rudorff im ursprünglichen Wortlaut.

S = Anmerkungen der Schriftleitung (Schultze-Naumburg, Stand: 1926, siehe Vorwort S. 5).

R 1) Zu der Zerstörung der Vogelbrutstätten bei uns, die nicht nur eine Folge der Verkoppelungen und Gemeinheitsteilungen, sondern überhaupt des kahlen Rationalismus unserer wirtschaftlichen Maßnahmen ist, gesellt sich der Vogelmassenmord auf der ganzen Erde. Zum besten der Millionen von Modenärrinnen der zivilisierten Welt, die ihre Hüte in haarsträubender Geschmacklosigkeit mit Vogelfedern und Vogelleibern herausputzen, werden die herrlichsten Arten der Tropenwelt, Silberreiher, Kolibris usw. der Vernichtung preisgegeben. Und wenn nicht in den südeuropäischen Mittelmeerstaaten dem leichtsinnigen Morden unserer Rotkehlchen, Meisen, Schwalben und anderer Singvögel durch strengste Gesetzgebung gewehrt wird, so wird es bald dahin kommen, daß auch dieses Stück unseres Naturlebens zu den Toten geworfen wird. Wollen die Regierungen nicht endlich die Augen auftun und sich zu gemeinsamen Schritten diesem drohenden Elend gegenüber aufraffen? (Zusatz der Schriftleitung: Die Angriffe Rudorffs auf die Federmode und die Vernichtung der Kleinvögel in Südeuropa sind auch heute noch begründet. Die Vereinigten Staaten und England haben allerdings die Einfuhr von Federn und Bälgen der Paradiesvögel, Reiher, Kolibris usw. durch Gesetze verboten, doch ist ein internationales Übereinkommen ein frommer Wunsch geblieben. Und der Vogelmord in Italien wird wohl trotz aller Entschließungen internationaler Natur- und Vogelschutzkongresse fortdauern; keine Regierung hat die Kraft und den Mut gehabt, diesen Volksunfug zu steuern.)

S 2) Während das allen Gesetzen des guten Geschmacks und der Wohlanständigkeit Hohn sprechende Bauschaffen, wie Rudorff es andeutet, in den Jahrzehnten vor dem Krieg seinen Höhepunkt erreichte, bereitete sich schon die Erkenntnis vor, daß auch Neues durchaus mit dem Alten in Einklang gebracht werden kann. Die Kriegs- und die Nachkriegszeit, innerhalb deren fast alle Bauunternehmen ruhten, bot mehr denn je Gelegenheit, die Grundgesetze der Baugesinnung zu klären. Reich, Länder und Städte und der große Kreis gemeinnütziger und wirtschaftlicher Verbände griffen derartige Bestrebungen lebhaft auf; Fachzeitschriften und Bücher halfen, solche Gedanken auch in die Kreise der Unternehmer und Bauherren hineinzutragen. Schon der Wiederaufbau der zerstörten Gebiete in Ostpreußen, später die Wohnungsfürsorge für Flüchtlinge und Vertriebene, die Notwendigkeit, überhaupt nach langem Stillstand der Bautätigkeit Wohnungen zu schaffen, wurden zum Anlaß, um neuartige praktische und soziale Erwägungen großzügig in die Tat umzusetzen. Die nach der wirtschaftlichen Lage erforderliche Einfachheit begünstigte eine gesunde Durchklärung der Formen, die sich schmucklos boten. Auf diese Weise sind bis in die jüngste Zeit hinein eine Fülle von Bauten aller Art, namentlich Klein- und Mittelwohnungen in Stadt und Land entstanden, die man sowohl nach ihrer Durchbildung mit Rücksicht auf soziale und praktische Erfordernisse als auch in ihrer äußeren Erscheinung im einzelnen und im Gesamteindruck als Beispiele erfreulichen Fortschritts bezeichnen darf. Aus wirtschaftlichen Gründen und zum Nutzen für die städtebauliche Erscheinung ist hierbei, ähnlich wie schon zu Zeiten Friedrichs des Großen, die Typisierung in stärkstem Maße angewandt worden. Zu den vornehmsten Aufgaben des Heimatschutzes gehört es, bei solchen Bestrebungen dahin zu wirken, daß heimatliche Besonderheiten, wie sie sich aus Klima, Werkstoff und dergl. Vorbedingungen von auch noch heute durchschlagender Bedeutung ergeben, nicht nur um der einheitlich schönen Gestaltung willen, sondern aus wirtschaftlichen Gründen gebührende Geltung behalten. Einmal gilt es dabei, einer sinnlos unbegrenzten Gleichmacherei, allzu schematischer Hausherstellung entgegenzutreten und zum anderen, übertriebene Modeerscheinungen und persönliche Eigenwilligkeiten, die sich heute über berechtigte Forderungen der Heimatpflege hinwegsetzen zu können glauben, nicht überwuchern zu lassen. Allen Errungenschaften neuer sparsamer Bauweise aber wie überhaupt jedem gesunden Fortschritt in Bau- und Wohnkultur wird auch der Heimatschutz stets verständnisvolle Aufmerksamkeit entgegenbringen.

S 3) Wenn die damalige Mietkaserne Rudorff im Vergleich zu malerischen Häusern alter Städte ein für allemal noch wie Teufelswerk erschien, so würde auch der Altmeister jetzt dem Miethausblock von heute mit ganz anderem Urteil gegenüberstehen in Anerkennung seiner nach sozialen, gesundheitlichen und wirtschaftlichen Gründen durchgeführten, Luft und Sonne von allen Seiten hereinlassenden Bauart, die in dieser Beziehung das moderne Haus unbedingt jenem alten überlegen zeigt. Freilich ist dieser moderne, nach außen schlichte und sachliche Bau nicht in einem Atem zu nennen mit der äußerlich prahlerisch aufgeputzten Mietkaserne von damals, die mit ihren eng umbauten, lichtlosen grauen Höfen, mit dem Fehlen der wichtigsten Einrichtungen für gesundes Wohnen lange Zeit weiteste Kreise selbst wirtschaftlich besser Gestellter zu traurigsten Lebensbedingungen verurteilte.

R 4) Vgl. das geistvolle Buch des Wiener Architekten Sitte über den modernen Städtebau.

S 5) Für das Wohnhaus wird sich schon aus wirtschaftlichen Gründen das gerade heutzutage von einigen modernen Architekten immer mehr angestrebte flache Dach zunächst kaum allgemein durchsetzen. Daß es gut gelöst werden kann, wird durch eine Reihe künstlerisch hochwertiger Bauten, z.B. schon aus der ersten Hälfte des 19. Jahrhunderts, ferner aber auch hier und da durch moderne Leistungen bewiesen. Bedingung einer guten Gesamtwirkung für das Ortsbild bleibt stets, daß nicht flaches und hohes Dach in buntem Wechsel durcheinandergehen. Für den Industriebau ist heute das flache Dach vielfach geradezu sachliches Erfordernis geworden.

R 6) Es ist wohl nicht nötig zu bemerken, daß die Plattheiten dieses modernen Rohbaues nichts gemein haben mit der reizvollen, feingegliederten Backsteinarchitektur des Mittelalters.

S 7) Mit jener Modekrankheit will Rudorff eine Bauart kennzeichnen, die vor allem in der Gründerzeit nach 1870 ihre Verunstaltungen in italienisierendem, gotisierenden oder Altes sonstwie imitierenden Villenstil, abwechselnd mit schwülstigen Schwindel-Gipsstukkatur-Fronten schuf oder an öffentlichen Bauten, wie Post- und Schulhäusern, in Verblendziegelstein-Ankerbaukasten-Architektur in die Welt setzte. Solche damaligen, meist an bevorzugter Stelle errichteten amtlichen Bauten haben oft die Städtebilder in ihren reizvollsten Teilen zunichte gemacht. Das Beispiel jener amtlichen Bauten zog dann noch die üblen, gleich straßenweise auftauchenden Massenleistungen des Unternehmertums in den damals schnell wachsenden Städten nach sich.

Der Ziegelrohbau dagegen, wie er heute in Norddeutschland, beispielsweise in Hamburg, sachlich gepflegt wird, bietet geradezu Musterbeispiele für beste Verwendung bodenständigen Werkstoffes, der hier vielfach in Verbindung mit sparsam angebrachter Keramik oder Werksteinplastik oft ausgezeichnete, an mittelalterlicher Bauschönheit gemahnende Wirkung hervorbringt. Entscheidend für die Güte eines derartigen Baues wird immer das feinfühlige Einpassen in die Umgebung sein. Ein guter Ziegelrohbau läßt sich aber auch in eine Zeile von Fachwerk- oder Putzbauten aufs beste einstimmen, wenn diese ihm in ihrer farbigen Behandlung geschickt Rechnung tragen.

R 8) Wenn das Anbringen von Reklamen in der freien Natur oder auf besonders dafür gemieteten Wandflächen ein für allemal untersagt würde, die Schilder der Geschäfte usw. an den eigenen Behausungen auf gewisse Größen polizeilich beschränkt werden müßten, so wäre andererseits nichts gerechtfertigter, als alle übrigen Reklamen, wie sie in Prospekten auf Bahnhöfen und in Gaststuben auftreten, mit einer Steuer, und zwar einer hohen Steuer zu belegen. Die Anbringung von Automaten sollte man ebenfalls besteuern.

S 9) Für ein Polizeiverbot fehlten zur Zeit, als Rudorff schrieb, zumeist die ausreichenden gesetzlichen Unterlagen. In Preußen ist erst durch die beiden Verunstaltungsgesetze vom 2.6.1902 und vom 15.7.1907 die Möglichkeit geboten worden, die Anbringung oder Aufstellung verunzierender Reklamezeichen wie auch die Errichtung entstellender Bauten unter gewissen Bedingungen zu verhindern. Durch eine Bestimmung des Wohnungsgesetzes vom 28.3.1918 wurden dann manche Hemmungen, unter denen die Verunstaltungsgesetze litten, beseitigt. (Vgl. über diese drei Gesetze: Wolf, „Das Recht der Naturdenkmalpflege in Preußen", erschienen als Band VII der „Beiträge zur Naturdenkmalpflege", Berlin, Gebrüder Borntraeger 1920, und desselben Verfassers Aufsatz „Fortschritte in der Gesetzgebung für Natur- und Heimatschutz seit dem Jahre 1914" in derselben Zeitschrift Band VI, Seite 456). Ähnliche gesetzliche Bestimmungen gegen Verunstaltung des Orts- und Landschaftsbildes erließen Sachsen (1909), Oldenburg (1910), Württemberg (1910), Braunschweig (1911) (vgl. Heyer, Denkmalpflege und Heimatschutz im Deutschen Recht, Berlin 1912). Auch in einigen neueren Heimat- oder Denkmalschutzgesetzen (Lippe, Danzig u.a.) sind Vorschriften zur Verhütung von Reklameunfug enthalten (soweit der Naturschutz in Frage kommt, finden sich Angaben im „Nachrichtenblatt für Naturdenkmalpflege", das der Monatsschrift „Der Naturforscher", Verlag Bermühler, Berlin-Lichterfelde, beigefügt ist).

Im übrigen sei noch folgendes bemerkt:

Bei der Beurteilung von Außenreklame ist immer das Wo? und das Wie? zu berücksichtigen. Was in der von fieberndem Leben erfüllten großstädtischen Geschäftsstraße den bunten Reiz des Bildes erhöhen kann, genügt im hundertsten Teil seines bescheidenen Abklatsches, um Straßenbilder der Kleinstadt zunichte zu machen. Auch heute noch erleben wir überall schlimmste Auswüchse der Reklame in den Ortschaften, wo z.B. auch das schreiende Heraussheben einzelner Ladeneinbauten in leuchtenden Farben, das Anbringen von riesigen beschrifteten Glastafeln und von Luft- und Leuchtreklame oft die Einheit des Baukörpers und darüber hinaus des Straßenbildes rücksichtslos zerreißt, und vor allem an Eisenbahnstrecken, wo Reklame in tollstem Maßstab sich regelmäßig an den Punkten einnistet, die zuvor für das Auge besonders anziehend waren.

Demgegenüber fehlt es auch auf dem Gebiet der Reklame nicht an erfreulichen Fortschritten im Sinne des Heimatschutzes. So, wenn in neueren Siedlungen Anbringungen und Ausmaß der Reklame von vornherein gebändigt und bewußt auf die Architektur abgestimmt werden; oder wenn den an sich meist von Künstlerhand ausgeführten Werbeschildern in den besten neueren Berliner Untergrundbahnhöfen ein fester Platz zu rhythmisch wechselnder Aufreihung angewiesen wird. Was kräftig durchgreifende Hand mit Hilfe brauchbarer Verordnungen auch noch in einer alten Stadt erreichen kann, beweist die in den letzten Jahren und bereits fast ganz durchgeführte Säuberung der Straßen am Alsterbassin in Hamburg von störender Reklame. Zur Reklame siehe das Werk: „Die Außenreklame in Stadt und Land", von Werner Hellweg, Verl. Konrad Hanf, Hamburg 1919.

R 10) Die Plastik ist ihrer Natur nach überhaupt außerstande, mit der Landschaft im großen einen Bund einzugehen; sie wird im weiten Naturbild immer als etwas Unzugehöriges, ungeschickt und kleinlich wirken. Selbst das Niederwalddenkmal und der Hermann auf der Höhe des Teutoburger Waldes sind ästhetisch verfehlt. Nur die Idee, die sich damit verbindet, versöhnt bei beiden, während umgekehrt auf dem Kyffhäuser die poetische Verklärung der Sage durch den Realismus eines Monuments geradezu aufgehoben werden mußte. Standbilder großer Männer gehören auf die Plätze der Städte. In der Stadt, auf dem Hintergrund von Gebäuden oder in unmittelbarer Verbindung mit ihnen ist die bildende Kunst wahrhaft zu Hause. In welchem Maß aber die Architektur ihrerseits wiederum die Landschaft zu beleben und zu schmücken vermag – nicht nur durch ganze Städte und Dörfer, sondern auch wenn sie vereinzelt auftritt – das zeigen Schlösser, Burgen, Kapellen auf Bergeshöhen, Fischerhäuschen am See, einsame Bauernhöfe auf der Heide, Sennhütten in den Alpen und italienische Landhäuser in zahllosen Beispielen. Je ungewollter, um so unmittelbarer und schlagender ist die Wirkung. Freilich, wo Macht ist, da ist auch Gefahr. Nichts kann gründlicher den Eindruck eines Landschaftsbildes ruinieren als häßliche oder für die Stelle unpassende Gebäude. Aber von dieser Kehrseite ist soviel in diesen Blättern die Rede, daß hier darüber geschwiegen werden kann.

R 11) Über die Verödung des Landlebens und die daraus entspringenden Gefahren sagt Heinrich Sohnrey Vortreffliches in seiner Schrift „Die Bedeutung der Landbevölkerung im Staate".

R 12) Wo denn durchaus verkoppelt werden soll, da müßte der oberste Grundsatz nicht Zuschneiden auf Geradlinigkeit, sondern umgekehrt das Bestreben sein, so viel wie irgend möglich alle Unregelmäßigkeiten aufrechtzuerhalten, die in den natürlichen Verhältnissen und ihrer geschichtlichen Entwicklung begründet sind. Daß man die Mißgriffe der Gemeinheitsteilungen hier und da einzusehen beginnt, darf man daraus abnehmen, daß oft genug sich Stimmen erheben, die vor weiterer Veräußerung von Gemeindebesitz warnen oder die Neuerwerbung von „Allmenden" befürworten.

S 13) Die Lippoldshöhe bei Brunkensen im braunschweigischen Kreise Holzminden ist unversehrt geblieben.

S 14) Hier ist eingegriffen worden, besonders durch den 1910 gebildeten „Verein zum Schutze der Sächsischen Schweiz", der mit staatlicher Unterstützung ansehnliche Flächen erwarb, z.T. auch unberührtes Gelände und stillgelegte Steinbrüche zum Geschenk erhielt.

S 15) Zur Erhaltung des Siebengebirges sind schon im vorletzten und letzten Jahrzehnt des vorigen Jahrhunderts kräftige Maßregeln ergriffen und mit Staatshilfe durchgeführt worden. Seit 1922 ist es in weiter Ausdehnung Naturschutzgebiet. Heutzutage bemüht sich der Naturschutz um die Erhaltung landschaftlich und geologisch wertvoller Basalthügel in Hessen-Nassau und anderwärts, die durch die Steinbruch-Industrie gefährdet sind. Im Hegau erregt das Schicksal des Hohenstoffeln dauernde Beunruhigung.

S 16) Mit der Tatsache, daß inzwischen eine Anzahl von Bahnen in solchen unvergleichlich schönen Gebirgsgegenden gebaut worden sind, um auch einen größeren Strom von Menschen dort hinauf zu bringen, um die nötigen Verbindungen zu den hoch gelegenen Heil- und Kuranstalten und ferner ganz allgemein bessere Verkehrsmöglichkeiten zu schaffen, müssen wir uns abfinden. Keinesfalls aber darf man der schrankenlosen Anlage neuer Bergbahnen das Wort reden. Glücklicherweise wird man ihrer ja schon aus wirtschaftlichen Gründen nicht allzu viele bauen. Aber der Fichtelberg in Sachsen ist trotz kräftigen Einspruchs des Landesvereins Sächsischer Heimatschutz mit einer solchen Anlage beglückt worden, und in Bayern haben alle Bemühungen der Naturschutzvertreter die Genehmigung der zweiten Linie auf die Zugspitze nicht hindern können. Die Kosten sind freilich so groß, daß die Ausführung noch fraglich bleibt. Der erste deutsche Naturschutztag in München 1925 hat die mehrfach beabsichtigte Industrialisierung der bayerischen Berge zum Gegenstand einer Entschließung gemacht und verlangt, „daß das bayerische Hochland aus Gründen des Naturschutzes wie im Interesse der Erholung Tausender von Volksgenossen aller Erwerbsschichten in seiner jetzigen Ursprünglichkeit und Reinheit erhalten bleibe. Ein Bedürfnis für Bergbahnen im bayerischen Hochland kann keinesfalls anerkannt werden."

Vielfach sind beim Bau von Bergbahnen im einzelnen Lösungen der technischen Aufgaben gefunden, die man nicht billigen kann, so wenn an der Brockenbahn auf der Kuppe des Berges Wellblechschuppen errichtet worden sind, oder wenn häßlich geformte Eisenbrücken dort ausgeführt wurden, wo der Bau in Stein das durchaus Gegebene gewesen wäre. Es muß aber anerkannt werden, daß gerade die ältere Ingenieurbaukunst für Brücken Lösungen in Eisengitterkonstruktion gefunden hat, die in ihrer Gesamtwirkung auch heute noch durchaus als harmonisch empfunden werden. In den letzten Jahrzehnten des 19. Jahrhunderts hat es dann aber nicht an schlechten Lösungen aller Art gefehlt. Teils bestanden sie in rücksichtslos geschaffenen Häßlichkeiten, teils im Verballhornisieren des Zweckgedankens, indem man z.B. Brücken, die an sich unharmonisch gestaltet waren, nun noch mit Kulissen in historischen Stilarten ausputzte.

Heute dagegen hat der Heimatschutzgedanke auch in den Kreisen der Techniker so weit Wurzel geschlagen, daß man sich fast ausnahmslos bemüht, das Neuentstehende in Ausführung und Werkstoff dem Landschaftsbild anzupassen. Für Brücken in felsigen Gegenden wird man zudem ja schon aus wirtschaftlichen Gründen Stein als Baustoff bevorzugen. Wo das aber nicht möglich war, sind neuerdings sowohl in Eisen als auch in Eisenbeton Lösungen erzielt worden, die in Konstruktion, Umriß, Ausdruck der statischen Funktionen und ebenso in ihrer Beziehung zur Umgebung durchaus vorbildlich genannt werden dürfen. Bezüglich der heutigen grundsätzlichen Stellungnahme des Heimatschutzes zu den technischen Bauten siehe u.a.: „Die Ingenieurbauten in ihrer guten Gestaltung" von Dr.-Ing. W. Lindner und Architekt G. Steinmetz, Verlag Wasmuth, Berlin 1923. In Vorbereitung sind beim Deutschen Bund Heimatschutz zwei weitere Bände: „Werkanlagen" [1927], und „Verkehrsbauten", unter dem Gesamttitel: „Bauten der Technik, ihre Form und Wirkung". Siehe ferner: „Ingenieurwerk und Naturschutz" von Dr.-Ing. Lindner, Verlag Bermühler, Berlin-Lichterfelde 1926.

S 17) Zu Anfang dieses Jahrhunderts bestand noch der Plan, zum Zweck elektrischer Kraftgewinnung im Bodetal zwischen Thale und Treseburg eine Talsperre anzulegen. Davon kam man zunächst ab, hauptsächlich wohl, weil Bedenken über die Wirtschaftlichkeit des Unternehmens auftauchten. Als aber die Frage des Mittelland-Kanals akut wurde, für dessen Wasserversorgung die Anlage von Staubecken im Bodetal unerläßlich schien, drohte auch dessen romantischstem Teil von neuem die Verschandelung. Auch diesmal gelang es, die Gefahr zu bannen. Talsperren mußten zwar gebaut werden, aber das Stück zwischen Treseburg und Thale sollte unangetastet bleiben. Die Entscheidung war endgültig, wenigstens schien es so; alle Pläne der Techniker ließen dieses herrlichste Naturdenkmal des Harzes außer Betracht. Da ist ganz plötzlich durch Vorschläge von irgendeiner Seite Beunruhigung erregt worden. Die Antwort auf alle solche Versuche kann nur lauten: Hände weg von diesem Kleinod deutscher Landschaft!

S 18) Die Vernichtung der Schnellen ist nun inzwischen zur Tat geworden. Näheres über den Zustand vor und nach der Zerstörung findet man in „Schultze-Naumburg, die Gestaltung der Landschaft", Verlag Callwey, München, 1916-1917, aus dem die beiden Bilder Tafel 4 und Tafel 5 entnommen sind.

R 19) Was müssen sich überhaupt unsere Wiesenbäche, Waldbäche und Bergströme gefallen lassen! Wenn sie nicht aus landwirtschaftlichen Gründen begradigt oder zu industriellen Zwecken abgeleitet werden, so ist dafür gesorgt, daß entweder die Abflüsse der mit künstlichem Dünger durchsetzten Felder oder die Säuren und Giftstoffe aus irgendwelchen in der Nähe befindlichen Fabriken ihr Wasser trüben und verseuchen, zum Verderb nicht nur der Fische, die darin ihr Wesen haben, sondern ebensowohl aller anwohnenden Menschen und sonstigen Geschöpfe.

R 20) Wenn an vereinzelten, durch Lage und Bedeutung ganz besonders hervorragenden Punkten, wie etwa auf dem Gipfel des Brockens, auf dem Melibocus an der Bergstraße, auf dem Hainberg bei Göttingen, ein Aussichtsturm errichtet wird, so ist natürlich ebensowenig etwas einzuwenden, wie gegen praktische Anlagen mit Sitzbänken und gepflegten Wegen in der unmittelbaren Nachbarschaft größerer Städte, die den Übergang gleichsam bilden zur eigentlich freien, wilden Natur.

S 21) Vergl. dazu Anmerkung 16.

R 22) In Nord- und Mitteldeutschland würden z.B. die Verschönerungsvereine, um nur eines unter vielem herauszugreifen, ein höchst dankbares Feld für heilbringende Tätigkeit finden, wenn sie gelegentlich der Verkoppelungen und Gemeinheitsteilungen ihren Einfluß zugunsten der Erhaltung der natürlichen Schönheit geltend machen wollten und, wo diese Maßregeln bereits durchgeführt sind, bemüht wären, die der Natur geschlagenen Wunden zu heilen, die Spuren der rationellen Gewalttätigkeit zu verwischen, also nach Kräften natürliche Bachläufe, alte Wege wieder herzustellen, Hecken als Brutstätten für die Singvögel, vereinzelte Büsche und Bäume auf Wiesengründen wieder anzupflanzen usw. Der Name „Verschönerungsverein" würde freilich auch dann noch unzutreffend sein; denn geleistet würde nichts als Erhaltung gefährdeter und Wiederherstellung zerstörter natürlicher Schönheit. Das Unangemessene und Geschmacklose des Namens „Verschönerungsverein" ist oft genug von den verschiedensten Seiten her gerügt worden. Die Natur kann eben nicht verschönert werden, nur geschont, höchstens hier und da durch Pflege unterstützt, wie etwa der Förster im Wald schwache Stämme beseitigt, damit die starken desto schöner sich entwickeln und ausbreiten. Es könnte also auch im besten Falle nur etwa von „Naturschutzvereinen" gesprochen werden. Wenn man aber gar die Anlage von behaglichen Zickzackwegen, Bänken und Pavillons Verschönerungen der Natur nennt, während es sich dabei um nichts handelt als um Vorrichtungen für Bequemlichkeit und geselliges Vergnügen, so ist über solchen Sprachmißbrauch kein Wort weiter zu verlieren. Man könnte sich nun vielleicht auf das Schaffen von Durchblicken und Aussichtspunkten durch geflissentliches Waldlichten und andere Bemühungen berufen – ein immerhin ebenfalls nicht unbedenkliches Experiment, weil allzu leicht das Künstliche daran sich störend bemerkbar macht –, aber auch hier ist nicht von Verschönern die Rede, sondern nur von Aufdecken vorhandener verborgener Reize der Landschaft. Die Gartenkunst endlich in allen ihren Formen samt Alleen, Baumgruppen, Teichen und Springbrunnen ist niemals Verschönerung der Natur, sondern Benutzung von Gegenständen und Elementen, die ihr angehören, im Dienst einer künstlichen Schöpfung der Menschen. Es ist bedeutsam für die verschiedenen Volkscharaktere, in wie gegensätzlicher Weise sie von Romanen und Germanen gehandhabt wird. Die Franzosen und besonders die Italiener, bei denen der Sinn für die Natur als solche im allgemeinen auffallend zurücktritt, geben mit ihren Terrassen und geometrischen Linien, mit ihren geschnittenen Hecken oder ihren Zypressengängen mit Springbrunnen, Wasserbecken und Marmorbildern gleichsam eine Fortsetzung der Architektur, wobei ihnen die scharf ausgeprägten Formen der südlichen immergrünen Vegetation vortrefflich zu Hilfe kommen. Was über die Gärten und

Parks ihrer Paläste und Villen hinausliegt, kümmert sie wenig; höchstens als malerische Hintergründe sind Berglinien und andere landschaftliche Fernen willkommen. Die Engländer dagegen und die Deutschen – sowie sie nicht zeitweilig in Nachahmung der Franzosen befangen waren – suchen umgekehrt Anklänge und Eindrücke der freien Natur nach Möglichkeit in die Nähe ihrer Schlösser und Landhäuser zu ziehen. Die Rasenplätze und Baumgruppen des sogenannten englischen Gartenstils sind Nachahmung natürlicher Landschaftsbilder in künstlerischer Umgestaltung. So schön und erfreulich in ihrer Art sie aber sein mögen, so durchaus berechtigt an ihrem Platz, so wird doch kein Vernünftiger das Abbild dem Urbild, das Zurechtgemachte, Scheinbare dem Ursprünglichen vorziehen wollen.

R 23) Die an sich sehr dankenswerte Errichtung von sogenannten „Ansiedlungskommissionen", die den Zweck haben, gewisse Landstriche durch die Hebung des kleinen bäuerlichen Besitzstandes neu zu beleben, wird in ihrem letzten Erfolg versagen, solange das rein wirtschaftliche Element einseitig betont, alle idealen innerlichen Seiten aber außer acht gelassen werden. Man glaube doch nicht, daß Leute, die man in kahle moderne Ziegelkästen sperrt, statt ihnen ein wirklich heimisch anmutendes Bauernhaus nach alter Art zu bauen, oder denen man alle alten Bäume in der Nähe, die etwa ihrem Gehöft Schatten und Traulichkeit geben könnten, niederschlägt, um ein bißchen mehr Land zu gewinnen, jemals zu ordentlichen Bauern werden, die ein Heimatgefühl an die Scholle fesselt. Niemals wird der jetzige Typus der Fabrik und alle Bauart, die ihr verwandt ist, ein solches Gefühl erwecken. Das Herz aber läßt sich nicht meistern und mit rationeller Musterhaftigkeit nicht sättigen.

R 24) In der „Agrarpolitik" von Buchenberger (2. Auflage 1899) wird auf S. 43/44 die Aufrechterhaltung „altväterischer" Gewohnheiten (Naturallöhnung, Spinnstube, Handdreschen) aus dem Gesichtspunkt anempfohlen, daß die bäuerliche Bevölkerung, welche ohne zwingenden Grund Arbeitsleistungen bezahle oder Bedarfsgegenstände einkaufe, die sie selbst herzustellen in der Lage sei, dadurch ihren jährlichen Geldbedarf vermehre, ohne immer im Stande zu sein, der tatsächlichen Geldknappheit durch Absatz ihrer Produkte zu lohnenden Preisen abzuhelfen. – Ähnlich äußert sich auch v. d. Goltz in seiner „Agrarpolitik" auf S 28/29, indem er auf einen „rationellen" Gebrauch der Maschinen dringt und sich namentlich gegen die Dreschmaschinen wendet, insofern sie die während des Winters brachliegende menschliche Arbeitskraft nicht nutzen lassen, wogegen er die Anwendung derselben im Sommer empfiehlt, um im Spätsommer rasch Saatgetreide zu haben.

S 25) Alles in allem ist die Güte der Ausstattung bei ernsthaften Ausstellungen inzwischen doch erheblich gestiegen, in bezug auf das Heimatliche insofern, als dessen Entwicklung in Bauweise, in kirchlicher und häuslicher Kunst usw. häufig in anerkennenswerter Darstellung gezeigt wird. Immerhin wird demgegenüber auch hier und da im Vergnügungspark noch einmal lustig in falscher Heimatromantik gearbeitet.

S 26) Die Erhaltung der noch gebräuchlichen Volkstrachten lassen sich jetzt die verschiedensten Vereine angelegen sein; durchweg handelt es sich dabei aber nur noch um die Pflege solcher schönen Überbleibsel in recht kleinen Bezirken, wo sie unter städtischem Einfluß mehr und mehr zurückgehen. Wo man es verstanden hat, die Trachten zugleich mit den alten Volksfesten und Bräuchen als in der Heimatgeschichte verankerten, noch heute lebendigen Ausdruck wurzelechten Volkstums zu pflegen, sind solche Bestrebungen zu begrüßen. Wenn man aber für „die Fremden" zur Schau stellt, was keinen inneren Sinn mehr hat und der wahren Anteilnahme der Ortsansässigen fremd bleibt, so entwickelt sich eine Lügenhaftigkeit und bezahlte Maskerade, die an Peinlichkeit kaum übertroffen werden kann.

S 27) Da es heutzutage durchweg sowohl an handwerklichen als an den wirtschaftlichen und sozialen Voraussetzungen für volkstümliche Bauart fehlt, nicht nur in bezug auf Werktechnik, Grundriß- und Aufbaubildung, sondern auch auf Schmuck, wie Schnitzen und Malen, so ist es nicht möglich, sie bedingungslos wieder zu beleben. Wohl aber soll man überall sorgfältig prüfen, welche Anregungen aus ihr für heutiges Schaffen mit Recht zu entnehmen sind. Siehe hierzu auch Anm. 2.

S 28) Wenn Rudorff hier vom Ausdruck persönlichen Lebens beim Hausbau spricht, so dürfen wir ihn nicht mißverstehen, als ob Bauherr und Architekt ohne Rücksichtnahme auf nähere und weitere Umgebung, auf Orts- und Landschaftsbild, auf Bestehendes und Geplantes jedem Einzelbau eigenwillig das Gepräge ihrer Persönlichkeit geben sollten. Denn gerade dies bewirkte für Jahrzehnte der Unkultur am Ende des 19. Jahrhunderts eine ganz wesentliche Verschandelung der Orts- und Landschaftsbilder; sowohl Architekten als Bauherren haben durch derartige Betätigung eingebildeter persönlicher Eigenart auf das Schlimmste dazu beigetragen, die Ortschaften als solche um ihre bezeichnende Eigentümlichkeit zu bringen. Schon rein aus wirtschaftlichen Gründen ergibt sich unter den jetzt ganz veränderten Verhältnissen für einen erheblichen Teil aller Neubauten die Notwendigkeit, ausgeprobte Lösungen in vielfacher Wiederholung auszuführen. Auch das beste und im einzelnen noch so persönlich ausgeprägte Schaffen der alten Zeit fußte nicht minder stets im bindend Typischen. Nur aus dem Einfühlen in solche typisch einfachen Grundlagen, das von der sachlichen Kenntnis ihrer Voraussetzungen ausgeht, kann sich vielleicht einmal von neuem ein gewisses persönliches Schaffen auf breiter Grundlage entwickeln. Heute aber steht persönliches Schaffen nur einigen wenigen ganz großen Künstlern zu, doch nicht der breiten Masse derer, die zumeist unberufenerweise für das Bauen verantwortlich sind.

Bezüglich der Stellungnahme des Heimatschutzes zum Wohn- und Siedlungsbau, stehe u.a. „Grundlagen für das Bauen in Stadt und Land", von Dr.-Ing. e. h. G. Steinmetz, und „Siedlungswerk", von Jobst, Kuhn und Langen, beides Verlag Callwey, München, 1922-1928 und 1925.

S 29) Inzwischen sind für zahlreiche Städte auf Grund der seither erlassenen Gesetze (vgl. Anm. 9) Ortssatzungen oder Bauordnungen herausgekommen, in denen Heimatschutz-Gesichtspunkte mehr oder weniger berücksichtigt sind. Siehe das in Anm. 9 erwähnte Werk von Hellweg, „Die Außenreklame", wo zahlreiche Ortssatzungen mitgeteilt sind. Das Entscheidende ist allerdings nicht der Wortlaut solcher Bestimmungen, sondern deren sinngemäße geschickte und straffe Handhabung durch die richtigen Kräfte; fehlen diese, so können z.b. die besten Ortssatzungen oft geradezu das Gegenteil bewirken von dem, was mit ihnen bezweckt werden sollte. Einige alte mitteldeutsche Städte zeigen in peinlicher Weise, wie die Anordnung, neue Bauten den alten anzupassen, dann nur dazu geführt hat, romantische Lügenhaftigkeit gegen gutes Altes zu setzten, indem man an unsachlichen Neubauten alte „Motive" verwandte. Die einzige Möglichkeit, neue Bauten den alten würdig anzupassen, besteht darin, daß sie in Zweckerfüllung, Gestaltung und Ausführung ebenso sachlich gehalten und ebenso ehrlich nach den besten Baugesetzen ihrer Entstehungszeit geschaffen werden, ohne jede Anpassung an das Alte im Sinne einer Stil-Nachahmung. Geschieht das, so werden modernste Leistungen der verschiedensten Art einen befriedigenden Einklang mit dem alten Bestand erreichen können.

Es handelt sich hier um schwerwiegende Aufgaben, zu deren Lösung das letzte Wort noch nicht gesprochen ist. Ein guter Weg scheint sich zu bieten, indem man heute vielfach anstrebt, bei wichtigen Einzelfragen Architektenkammer bzw. Sachverständigenbeiräte aus besten Kräften heranzuziehen, um so dem vom Gesetz Angestrebten lebendigen Ausdruck zu verleihen und eine falsche Bevormundung durch oft ungern gesehene oder ungeschickte Bauberatung auszuschalten.

S 30) In den mehr als zwei Jahrzehnten, die seit dem Erscheinen der Rudorffschen Schrift verstrichen sind, hat auch die Inventarisation der Bau- und Kunstdenkmäler in Deutschland erhebliche Fortschritte gemacht. Mehr und mehr beschränkt man sich dabei nicht nur auf die Aufnahme der bedeutenderen Monumentalbauten, sondern es werden auch die Bestände der Volkskunst und des Handwerks berücksichtigt und die Beziehungen der einzelnen Bauten zum Orts- und Landschaftsbild in Gesamtaufnahmen festgehalten.

S 31) Das von Rudorff erwähnte Werk ist inzwischen erschienen, während die entsprechende monumentale Arbeit über das deutsche Bürgerhaus im Erscheinen begriffen ist. (Das Bürgerhaus im deutschen Reich und in seinen Grenzgebieten. Herausgegeben vom Verband deutscher Architekten- und Ingenieurvereine. Verlag Deutsche Bauzeitung, Berlin. Heft 1. Das Bürgerhaus in Schlesien, von Dr. Ludw. Burgemeister. Heft 2. Das Bürgerhaus im Elsaß, von Prof. K. Staatsmann. Weitere Hefte in Vorbereitung.) Beide Werke gehen aber mehr auf eine Feststellung wohl der typischen, aber unter ihnen besonders der reichsten Beispiele hinaus. Der sehr berechtigte Wunsch Rudorffs, das Typische in einfachster Form herauszuarbeiten, behält auch heute volle Geltung. Indem man solchen Typen dann die modernen Forderungen entgegenhielte und ein sachlich einwandfreies Ergebnis der Verschmelzung beider zu gewinnen suchte, könnte für Gegenwart und Zukunft wertvollste Arbeit geleistet werden. Hier liegt eine der dringlichsten Aufgaben für die um die Heimat Besorgten deshalb vor, weil neben den fast bis zur Norm entwickelten Haustypen innerhalb der Wohnsiedlung zumal für rein ländliche, kleinbäuerliche Verhältnisse gewissen alten Bauernhaustypen – wenn auch mit kleinen, den heutigen Anforderungen entsprechenden Abwandlungen – landschaftlich und wirtschaftlich nach wie vor volle Lebensberechtigung zusteht. Als Beweis hierfür mag die Tatsache dienen, daß z.B. im Niedersächsischen sowohl der auf äußerste Sparsamkeit angewiesene Einzelsiedler als auch der Siedlungsunternehmer für solche Verhältnisse gerade in neuester Zeit auf Grundriß und Bauart des alten Niedersachsenhauses mit bestem Erfolg zurückgreift. Entsprechende Beobachtungen kann man auch in anderen Gegenden machen, so z.B. im badischen Schwarzwald, wo bergiges Gelände, Bewirtschaftungsverhältnisse usw. nach wie vor wieder wesentlich andere, doch ebenfalls seit Jahrhunderten erprobte Bauformen bedingen.

32) Von den „Kulturarbeiten" Paul Schultze-Naumburgs werden im Herbst 1994 im Reichl Verlag die beiden Bände „Gärten" und „Ergänzende Bilder zum Band Gärten" wieder erscheinen.

R 33) O. Gruner, „Beiträge zur Erforschung volkstümlicher Bauweise im Königreich Sachsen und in Nordböhmen",

S. 12, 48, 49. Ähnliches wird ausgesprochen nicht nur in dem oben schon erwähnten Jahresbericht des Provinzialkonservators Dr. Theuner (S. 38), sondern auch von Hansjakob (siehe z.B. „Im Paradies" S. 203, 203, 234).

R 34) Auf Anregung des Dr. Rudolf Korb in Prag ist am Eichberg bei Zötznitz in Böhmen dieser Gedanke in bescheidenem Maßstab in die Tat umgesetzt worden. Auf einem kleinen Waldgebiet ist dort seit einigen Jahren die Natur größtenteils sich selbst überlassen; seltene Vögel nisten, von niemandem verfolgt; die Pflanzenwelt in den größten und kleinsten Formen entwickelt sich zu herrlichster Üppigkeit, und das Landschaftsbild ist von dieser Seite her wenigstens vor Entstellung geschützt. In einer Schrift „Forstbotanisches Merkbuch" weist Prof. Dr. Conwentz ferner auf die Gefahren hin, die dem Fortbestehen einer Reihe von einheimischen Gewächsen drohen, wenn ihrer rücksichtslosen Ausrottung nicht Einhalt getan wird. Eine besonders energische Anregung endlich hat Oberlehrer W. Wetekamp in Breslau gegeben, indem er im Frühling 1898 dem preußischen Abgeordnetenhaus auseinandersetzte, wie die heimische Flora und Fauna bei uns im Begriff stehe, durch die Übergriffe der Kultur vernichtet zu werden, so daß bald nur Nutzpflanzen und Haustiere in trübseliger Eintönigkeit an ihre Stelle getreten sein würden. Seine Ausführungen gipfelten dann in den Worten: „Wenn etwas wirklich Gutes geschaffen werden soll, so wird nichts übrig bleiben, als gewisse Gebiete unseres Vaterlandes zu reservieren, ich möchte den Ausdruck gebrauchen: in ‚Staatsparks' umzuwandeln, allerdings nicht in Parks in dem Sinn, wie wir sie jetzt haben, nämlich mit einer künstlichen Nachahmung der Natur durch gärtnerische Anlagen, sondern in Gebiete, deren Haupteigenschaft die ist, daß sie unantastbar sind. Dadurch ist es möglich, solche Gebiete, die noch im natürlichen Zustand sind, in diesem Zustand zu erhalten oder auch in anderen Fällen den Naturzustand einigermaßen wieder herzustellen. Und zwar handelt es sich hier nicht allein um Waldgebiete, sondern auch um andere Bodenformen, wie Moore, Heiden usw. Diese Gebiete sollen einerseits dazu dienen, gewisse Boden- und Landschaftstypen zu erhalten, andererseits dazu, der Flora und der Fauna Zufluchtsorte zu gewähren, wo sie sich erhalten können." – Dem möchte nichts hinzuzufügen sein als die Bemerkung, daß das Wort „Staatspark" ebensowenig wie „Nationalpark" genügt, um das zu bezeichnen, was beabsichtigt ist. Der Ausdruck „Park" würde jedenfalls zu vermeiden sein. Vielleicht ließe sich „Wildland" oder etwas Ähnliches hören. (Zusatz der Schriftleitung: Die erfolgreiche Tätigkeit des „Vereins Naturschutzpark" in Stuttgart hat für einzelne große Reservate dieser Art die Bezeichnung „Naturschutzpark" volkstümlich gemacht. Im allgemeinen ist aber jetzt der Name „Naturschutzgebiet", zum Teil auch „Banngebiet" gebräuchlich. Über die Vorgeschichte und weitere Entwicklung des Gedankens vgl. u.a. „Wege zum Naturschutz", Breslau, Hirt, 1926, S. 67. Über die preußischen Naturschutzgebiete gibt Auskunft Band 11 der „Beiträge zur Naturdenkmalpflege" 1926.)

Über Ernst Rudorff

Von Prof. Dr. Paul Schultze-Naumburg

Ernst Rudorff wurde am 18. Januar 1840 in Berlin geboren. Sein Vater, ein Schüler von Savigny und selbst ein berühmter Rechtslehrer an der Universität Berlin, stammte aus Mehringen bei Hoya (Hannover). Seine Mutter, Betty geb. Pistor, war Berlinerin. Beide Eltern besaßen eine ungewöhnliche musikalische Begabung und lebhaften poetischen Geist neben vielseitigen Interessen. Verwandte des Hauses waren Ludwig Tieck, Henrich Steffens, Karl von Raumer. Zum Vater wie zur Familie der Mutter standen Achim von Arnim, Schleimacher, Savigny und die Brüder Grimm in naher freundschaftlicher Beziehung. Den Eltern, Verwandten und Freunden verdankt Rudorff die Ausbildung der ihm innewohnenden Empfänglichkeit für die Gesamtheit geistiger Interessen.

Rudorff besuchte die Prima des Friedrich-Gymnasiums, nachdem er bis dahin Privatunterricht erhalten hatte, und bezog 1859 die Berliner Universität. Er hörte theologische, philosophische und philologische Vorlesungen. Indessen war ihm der Gedanke, sich der Musik zu widmen, die er seit frühester Kindheit gepflegt hatte, schon länger nahegelegt worden. Als im Jahre 1852 Joachim nach Berlin kam, hatte Rudorff ihm vorgespielt und so günstigen Eindruck gemacht, daß der Meister zur Musiklaufbahn riet. Stieß dieser Plan auch beim Vater damals und während der nächsten Jahre noch auf Widerstand, so fand es im Herbst 1859 doch Zustimmung, daß Rudorff sich nach Leipzig begab und neben der Universität auch das Konservatorium besuchte. Er hörte hier unter anderem Vorlesungen von Heinrich von Treitschke über Geschichte. Dann wandte er sich ausschließlich der Musik zu. 1864 begab er sich, von Julius Stockhausen aufgefordert, nach Hamburg, wo dieser damals als Leiter der Singakademie wirkte. Er dirigierte hier einige Konzerte, in denen Stockhausen als Sänger auftrat, und machte mit ihm Konzertreisen. 1865 nahm er eine Stelle als

Lehrer am Konservatorium in Köln an, wo er 1867 den Bach-Verein gründete. Dessen Leistungen erregten beim ersten öffentlichen Auftreten 1869 so hohes Aufsehen und erfüllten den Dirigenten mit solcher Befriedigung, daß er eine ihm bald darauf angetragene Professur an der unter Joachims Leitung neu errichteten Königlichen Hochschule für Musik in Berlin zuerst ablehnte. Später entschloß sich Rudorff auf erneute Aufforderung Joachims dennoch, dem Rufe Folge zu leisten, und wirkte seit Oktober 1869 an dieser Anstalt als erster Lehrer für Klavierspiel und Vorsteher der Klavierklassen. Als im Sommer 1880 Max Bruch die Führung des Sternschen Gesangvereins aufgab, wurde Rudorff sein Nachfolger, ohne jedoch auf seine Stellung an der Hochschule zu verzichten. Im Jahre 1890 legte er die Leitung des Sternschen Vereins nieder, und da viele Mitglieder zugleich austraten, gründete er die heute noch bestehende „Musikalische Gesellschaft", die sich die Aufgabe stellte, namentlich ältere, selten gehörte Werke ernsten Charakters für Chor und Orchester vor den Mitgliedern zum Vortrag zu bringen, außerdem aber das weltliche Chorlied in geselligen Vereinigungen zu pflegen. Im Jahre 1893 nötigten ihn Rücksichten auf seine durch zu angestrengte Tätigkeit erschütterte Gesundheit, von der Leitung auch dieses Vereins zurückzutreten, während er sein akademisches Lehramt noch bis zum Jahre 1910 innehatte. Er starb am 31. Dezember 1916, also im sechsundsiebenzigsten Lebensjahre, in voller geistiger Frische.

Rudorff war seit 1876 vermählt mit Gertrud Rietschel, der jüngsten Tochter des Bildhauers Ernst Rietschel aus Dresden. Er hatte zwei Töchter und einen Sohn, der – der Familientradition folgend – wieder Jurist geworden war und als Regierungsrat am 1. Februar 1916 starb. Er folgte in seinen Bestrebungen ganz dem Vorgang seines Vaters und bildete lange Jahre hindurch eine der Hauptstützen des Bundes Heimatschutz. Sein früher Tod war ein schwerer Verlust für die Bewegung.

Ernst Rudorff hat eine große Zahl von Gesängen für eine Singstimme wie auch von Liedern für gemischten Chor komponiert. Auf dem Gebiete der Instrumentalmusik hat er eine Reihe hervorragender Werke geschaffen; außer Klavierstücken und einem Sextett für Streichinstrumente namentlich die folgenden Orchesterwerke: drei Ouvertüren, zwei Serenaden, Variationen über ein eigenes Thema und drei Symphonien. Unsere biographische Skizze würde unvollständig sein, wenn wir nicht mit Nachdruck auf Rudorff als Musiker hinweisen wollten; wer Rudorff nur als Mann der Heimatschutzbestrebungen kennt, dem ist nur die eine Seite dieser kraftvollen, hervorragenden Persönlichkeit gegenwärtig.

Die Anregungen zum Heimatschutz, die uns hier in erster Linie angehen, hat Rudorff nicht auf hohen Schulen erhalten, die gab ihm das Leben selbst.

In dem kleinen hannoverschen Flecken Lauenstein besaß seine Familie seit zwei Jahrhunderten ein Anwesen, die sogen. Knabenburg, deren großes, altertümliches Herrenhaus in einem schön angelegten Garten erbaut ist. Dort brachte Rudorff seit seiner Kinderzeit regelmäßig den größten Teil des Sommers zu. In diesem weltfernen Erdenwinkel mußte sich dem sehenden Auge der Vergleich zwischen dem Werte ererbter Kultur und moderner „Errungenschaften" aufdrängen. In das liebliche, einheitliche Ortsbild mit der freundlichen Bauweise des südhannoverschen Gebirgslandes drängte sich störend der erste Backsteinkasten, das erste öde Zementziegeldach. Und die Flur, die mit ihren krausen Heckenzügen wie ein Kranz von Gärten den Ort einhegte und allmählich in den nahen Wald überleitete, die mit ihrem ursprünglichen Pflanzen- und Tierbestand ein Wunderland für den Blumen-, Schmetterlings- und Käferfreund war, wurde von der Verkoppelung und Gemeinheitsteilung bedroht, deren Verfahren das zur Knabenburg gehörige Acker- und Wiesenland mitgriffen.

Da hat Rudorff nicht aus der Theorie heraus, sondern in der Praxis die geliebte Heimat schützen gelernt. Den baumbestandenen Burgberg mit den Resten der alten Burg Lauenstein ließ er sich bei der Verkoppelung zuweisen, rettete ihn so vor der drohenden Gefahr der Errichtung einer Wirtschaft und sonstiger Zurüstung auf Fremdenbetrieb und erhielt ihn allen zugänglich in seinem idyllischen Zustand.

Am Waldrand, auf halber Höhe über der Ortschaft, zieht

sich ein schmaler, von uralten Eichen eingefaßter Fußpfad entlang. Sie sollten zu Geld gemacht werden. Rudorff kaufte sie auf dem Stamm und pachtete den Streifen Land, auf dem sie stehen; so bilden sie noch heute am bevorzugten Spazierweg den schönsten Schmuck. Aber die Lauensteiner Flur! Ganz konnte sie nicht vor der Verkoppelung bewahrt bleiben, und so zeigen denn heute die entfernteren Teile der Feldmark unterhalb des Fleckens die gleiche Langweiligkeit und Nüchternheit wie so viele andere Fluren. Das oberhalb des Ortes gelegene, an den Wald stoßende Tal dagegen hat Rudorff sich zum großen Teil überweisen lassen und hat nach langem Kampfe mit den Forst- und Verkoppelungsbehörden erreicht, daß auf diesem Gebiet Waldvorsprünge, Wege und Hecken in alter Gestalt erhalten bleiben durften. Dem Auge, das an solche Ursprünglichkeit in nächster Nähe menschlicher Wohnstätten kaum noch gewöhnt ist, erscheinen diese heckendurchzogenen, baumbestandenen Wiesen wie ein Wunder an Lieblichkeit, wie ein Paradies, aus dem man sich an anderen Orten selbst vertrieben hat. Ein wenig hat Rudorff übrigens auch da, wo die Verkoppelung zerstörend wirkte, nachträglich die entstandenen Schäden auszugleichen gesucht, indem er an geeigneten Stellen Bäume und Hecken neu anpflanzte und zur Nachahmung dieser pfleglichen Tätigkeit anregte. Die ursprüngliche Schönheit aber können solche Maßnahmen hier ebensowenig wie anderwärts ersetzen! Auch der Erhaltung hervorragender Bäume und Felsbildungen in den umliegenden Staatsforsten wandte Rudorff von jeher sein lebhaftes Interesse zu und hat hier im Laufe der Zeit zahlreiche eigentümliche und schöne Stellen in ihrer Ursprünglichkeit gerettet.

Diese erhaltende und schützende Tätigkeit – auf dem Gebiete des Bauwesens zugleich mit der Sorge um gutes Neuschaffen verbunden –, die ein einzelner hier unter großen Opfern an Geld leistete, erzeugte notwendig den Wunsch, weitere Kreise zu gemeinsamem Vorgehen aufzurufen und allgemeine Maßregeln zu schaffen, die jedem den Schutz seiner Heimat erleichterten. Solchen Gedanken gab Rudorff, nachdem er sie zuerst 1878 in einem kurzen Aufsatz in der „Post" öffentlich ausgesprochen hatte, ausführlicheren Ausdruck in einer 1880 in den Preußischen Jahrbüchern abgedruckten Abhandlung „Über das Verhältnis des modernen Lebens zur Natur". Diesen Aufsatz legte er im Jahre 1888 dem Gesamtverein der deutschen Geschichts- und Altertumsvereine gelegentlich einer Tagung in Posen vor und knüpfte daran den begründeten Antrag, eine den deutschen Regierungen im vorhergehenden Jahr überreichte Eingabe um Schutz von hervorragenden Baudenkmälern zu erweitern und namentlich folgende Worte hinzuzufügen:

„Es ist hierbei nicht nur an den Schutz des Menschenwerkes gedacht, sondern zugleich an die Schonung landschaftlicher Eigentümlichkeiten, insofern die Natur als Bedingung alles menschlichen Wirkens unzertrennlich von diesem bleibt, auch in der Schätzung ihrer historischen Bedeutung. Alte Bäume, auch Baumgruppen und Büsche, Quellen, Bäche, Wasserfälle, Hügel, Felsen, Felskämme, einzelne Blöcke sind unverändert und unberührt zu erhalten. Nicht nur die von seiten der Industrie, des Verkehrswesens, der Spekulation der Gastwirte, der Touristenvereine usw. drohenden Gefahren sind ins Auge zu fassen, es ist auch, zumal bei Verkoppelungen und Gemeinheitsteilungen, die Berücksichtigung der natürlichen und historischen Verhältnisse, die Schonung der ursprünglichen Waldgrenzen, der Waldwiesen, der natürlichen Bachläufe, bedeutsamer Stege und Hecken zu erwirken und die bisherige Praxis insofern zu erweitern, als für dieselbe ausschließlich das Prinzip der geraden Linie und die Bequemlichkeit der Rechnung, kurz Gründe der rationellen Abstraktion neben solchen des materiellen Nutzens maßgebend gewesen sind. Die Ausrottung seltener eigentümlicher Pflanzen (z.B. Anemone alpina auf dem Brocken im Harz, Edelweiß in den Alpen) und Tiere ist zu verhindern."

Dieser Antrag (der übrigens abgelehnt wurde) nebst dem genannten Aufsatz erschien als Sonderdruck aus dem „Korrespondenzblatt des Gesamtvereins der deutschen Geschichts- und Altertumsvereine", ist aber jetzt vergriffen.

Dann hielt Rudorff im Jahre 1892 im „Allgemeinen deutschen Verein" zu Berlin einen Vortrag über den „Schutz der landschaftlichen Natur und der geschichtlichen Denkmäler Deutschlands", der ebenfalls im Druck erschien.

Eine zusammenfassende Darstellung seiner Anschauungen und Forderungen veröffentliche Rudorff schließlich im Sommer 1897 in zwei Aufsätzen in den „Grenzboten" unter dem Titel „Heimatschutz" und „Abermals Heimatschutz", die den Inhalt dieses Buches bilden. Damit war das Wort geprägt, das später unserem Bund den Namen gab und sich trotz aller anfänglichen Kritik und allen Spottes überall durchgesetzt hat.

Rudorff forderte dahin zur Gründung eines Bundes Heimatschutz auf und wies ihm die Aufgaben zu. Aber sieben Jahre vergingen bis zur Verwirklichung des Planes. Ein Versuch, die neue Organisation dem bereits bestehenden Tag für Denkmalpflege anzugliedern, scheiterte daran, daß der damalige Vorsitzende des „Tages", Geh. Justizrat Prof. Loersch, den ihm angetragenen Vorsitz des neuen Bundes ausschlug. So konnte erst am 30. März 1904 nach ausgedehnten Vorarbeiten die Gründung des Deutschen Bundes Heimatschutz in Dresden stattfinden.

Es braucht hier nicht näher dargelegt zu werden, welch glückliche und verheißungsvolle Entwicklung der Bund Heimatschutz inzwischen genommen hat, wie sehr sich überhaupt die Gedanken ausgebreitet haben, die Rudorff als erster im Zusammenhang darlegte und die lange Zeit als Hirngespinste eines Phantasten belächelt wurden.

Neben dem Wirken des Bundes auf rein praktischem Gebiet hat er sich auch auf literarischem Gebiet aufs lebhafteste betätigt. Die Neuherausgabe des Rudorffschen „Heimatschutzes" stand schon lange auf dem Programm, und nur den Schwierigkeiten, wie sie in den Zeiten begründet lagen, ist es zuzuschreiben, daß die Ausführung erst jetzt Wirklichkeit wird.

Nachruf auf Ernst Rudorff

von Generalsuperintendent D. Stolte in Magdeburg

Prof. Dr. Ernst Rudorff ist in Lichterfelde am 31. Dezember 1916, am Abend desselben Jahres, das ihm den einzigen Sohn entrissen hat, nach kurzer Krankheit unvermutet aus dem Leben geschieden.

Nun ruht sein Leib in Lauenstein am Fuße der Weserberge, wo ihm der alte Besitz seiner Väter die eigentliche Heimat war und wo er zuerst den Kampf für die ursprüngliche Schönheit der Landschaft aufnahm, als sie durch die geraden Linien nüchterner Nützlichkeits- und Katasterweisheit bedroht wurde, und wo er keinen Protest und kein Opfer scheute, um geliebte Plätze, wie den baumbestandenen Burgberg, malerische Waldecken, Fußpfade und liebliche, heckendurchzogene Wiesen des Lauensteiner Tals in der alten Gestalt zu erhalten.

Er genügte damit, wie er selbst schreibt, „nur einem leidenschaftlichen Bedürfnis seiner innersten Natur". Aber gerade weil sein Eifer aus der Seelentiefe eines echten, ganzen Menschen hervorbrach, so daß „die trauernden und zürnenden Gedanken keine Ruhe geben wollten", darum konnten ihn Spott und Widerstand einer mächtigen Zeitströmung nicht irre machen, darum hat ihr der oft belächelte, unmoderne und unbequeme Phantast dennoch schließlich einen Damm entgegenzusetzen vermocht. Es war der feinfühlige Künstler mit dem sehenden Auge und dem hörenden Ohr für die geheimnisvolle Seele der Natur, der ihre Entseelung und Entweihung mit Schmerz und Entrüstung empfand. Es war der überlegene, wahrhaft gebildete Geist, der den Scheinwert einer bloßen Außenkultur durchschaute und sich das Große, Dauernde, in der Stille Wirkende nie durch das augenblicklich Auffällige verdunkeln ließ. Es war der Deutsche, der dem germanischen Natursinn und Billigkeitsgefühl den idealen Mitbesitz an Wald und Flur, an Gottes Erde wahren wollte. Es war der Mann des hellsichtigen Gewissens, der mit prophetischem Tiefblick den Schaden an der Volksseele auch da erkannte, wo dem Anschein nach nur Schönheitswerte bedroht waren, wo aber in Wahrheit der Wurzelboden zerstört wurde, aus dem unbewußt alle höheren Kräfte des Gemütes, auch die des Guten sich nähren. Es war der lautere, unbestechliche Mensch, der einer guten Sache Treue hielt, auch wenn sie Mode und Macht der großen Welt wider sich hatte, der aus Menschenliebe sich verzehren konnte in der Sorge um das beste, schöpferische Innenleben der Menschheit, im Kampf gegen alle Verfälschung und Verkümmerung durch einen gedankenlosen oder gewissenlosen und heuchlerischen Geschäftsgeist.

Aus dem Herzen, aus dem sittlichen Charakter des Menschen Rudorff versteht man sein Wirken. Ihm war es nicht „überwundener Aberglaube, daß Mensch und Künstler eins sein, daß das Schöne auch das Gute sein soll". Nicht Aufsehen zu erregen, sondern das Tiefste und Zarteste in der Menschenbrust, das, was den Menschen zum Menschen macht, zu befreiender Klarheit, zu lieblichem und erhabenem Ausdruck zu erheben, – darauf ist seine Musik gestimmt, ein heiliger Dienst, eine Kunst des reinen Herzens. So war auch sein Kampf für den „Heimatschutz" aus dem Pflichtgefühl echter, edler Menschlichkeit, aus „dem leidenschaftlichen Bedürfnis" einer reinen und starken Seele geboren.

Darum gehört auch, was er gewollt und geschaffen, dauernd zu der Arbeit der Besten, die um die innere Befreiung und Erneuerung unseres Volkslebens ringen, und es bleibt unserem Bunde ein Vermächtnis, in seinem Geiste unermüdet fortzuwirken und dazu beizutragen, daß Deutschland die fremden Truggeister besiege, die seine Seele bedrohen.

Allen aber, die das Glück hatten, Ernst Rudorff persönlich nahe zu treten, und die an unvergeßliche Stunden in seiner schönen Lichterfelder Häuslichkeit oder in der „Knabenburg" und im Wald von Lauenstein zurückdenken, bleibt mehr noch als der feinsinnige, geistreiche Künstler, mehr noch als der mutige Vorkämpfer heilsamer Gedanken der wundervolle, warmherzige Mensch, der Mensch ohne Falsch, der restlos treue Freund im dankbarsten Gedächtnis. Wehmütig umkränzen wir sein Bild mit dem Immergrün dankbarer Liebe und Verehrung, traurig, daß wir ihm nicht mehr in das edle Auge schauen dürfen, aber was wir darin gelesen haben, bleibt uns köstlicher Besitz, ein Leuchten aus der Welt, die nicht vergeht.

Verzeichnis der Abbildungen

Abb. 1: Ernst Rudorff
Abb. 2: Die Knabenburg, altererbter Sitz der Familie Rudorff
Abb. 3: Deutsche Hügellandschaft
Abb. 4: Die Laufenburger Stromschnellen vor der Zerstörung
Abb. 5: Laufenburg nach Zerstörung der Schnellen
Abb. 6: Deutsche Flußlandschaft im Diemeltal
Abb. 7: Hecken (Knicks) in Holstein
Abb. 8: Pfründnerhäuser in Maulbronn als Beispiel für das nordische hohe Dach
Abb. 9: Ländlicher Hof in Oberitalien als Beispiel für das südliche flache Dach
Abb. 10: Wohlerhaltene Natur eines Flußufers
Abb. 11: Kulturlandschaft, mit der Natur in Einklang gebracht
Abb. 12: Rockenbrunn (Frankischer Hof)
Abb. 13: Rockenbrunn (Fränkischer Hof)
Abb. 14: Steinerne und eiserne Eisenbahnbrücke
Abb. 15: Haus als Beispiel für eine vernünftige neuzeitliche Bauweise, die ihre Verbindung mit der Vergangenheit nicht absichtlich lösen will.
Abb. 16: Sterzing in Tirol
Abb. 17: Edel entwickelte Baumgruppe am Weg
Abb. 18: Feldeinteilung mit wohlerhaltenem Baumbestand am Hohen Neuffen (Schwäbische Alb)
Abb. 19: Feldlandschaft im Vorlande Thüringens
Abb. 20: Ländliche Gasse mit Giebelhäusern (Wildberg a.d. Nagold)
Abb. 21: Niedersächsiche Fachwerkhäuser in Duderstadt
Abb. 22: Berge, Wasser und Himmel. Landschaft ohne Spuren des Menschen
Abb. 23: Der Monte Pellegrino bei Palermo als Beispiel für eine sehr gesteigerte Mittelmeerlandschaft
Abb. 24: Klingenberg am Main (Fränkische Kleinstadtreste)
Abb. 25: Rheinisches Städtebild (Trier)
Abb. 26: Wildberg a.d. Nagold

DEUTSCHER HEIMATBUND

Der Deutsche Heimatbund ist die Dachorganisation der Heimatverbände in der Bundesrepublik Deutschland. Er will durch Pflege der Eigenarten der Heimatregionen und wirksamen biologischen, ökologischen und kulturellen Umweltschutz einen zeitgemäßen Beitrag zur Sicherung der Lebensgrundlagen und zur Weiterentwicklung der Gesellschaft leisten.

Der Deutsche Heimatbund ist Dachverband von 18 Landesverbänden in Deutschland, die als Ergebnis ihrer historischen Eigenentwicklung in sich unterschiedlich sind. Die 18 Landesverbände sind:

- Landesverein Badische Heimat
- Bayerischer Landesverein für Heimatpflege
- Verein für die Geschichte Berlins
- Landesheimatbund Brandenburg
- Verein f. Niedersächs. Volkstum (Bremer Heimatbund)
- Hessischer Heimatbund
- Lippischer Heimatbund
- Landesheimatverband Mecklenburg-Vorpommern
- Niedersächsischer Heimatbund
- Rheinischer Verein f. Denkmalpflege u. Landschaftsschutz
- Saarländischer Kulturkreis
- Landesheimatbund Sachsen-Anhalt
- Landesverein Sächsischer Heimatschutz
- Schleswig-Holsteinischer Heimatbund
- Schwäbischer Heimatbund
- Westfälischer Heimatbund
- Zentralausschuß Hamburgischer Bürgervereine v. 1886
- Heimatbund Thüringen

Für nähere Auskünfte und die Anschrift Ihres Landesverbandes wenden Sie sich bitte an:

DEUTSCHER HEIMATBUND   D-53113 BONN
ADENAUERALLEE 68   TEL. 0228/ 22 40 91